Cristian Nani

WIE EIN SCHAF UNTER WÖLFEN

Vom Hirtenjungen
zum Gefängnisprediger
in Afghanistan

Brunnen Verlag / Open Doors

Cristian Nani (geb. 1973) arbeitet seit 2008 bei Open Doors und ist seit 2015 Leiter des italienischen Zweiges. Als ehemaliger Journalist ist er Schriftsteller und Podcaster. Er unternahm mehrere Reisen in Länder, in denen Christen verfolgt werden, in Afrika, dem Nahen Osten, Asien und Südamerika. Er lebt mit seiner Frau in Vicenza, im Nordosten Italiens.

Die zitierten Bibelstellen sind folgenden Übersetzungen entnommen:
Lutherbibel, revidiert 2017, © 2016 Deutsche Bibelgesellschaft, Stuttgart
Hoffnung für alle®, © 1983, 1996, 2002, 2015 by Biblica, Inc.®. Verwendet mit freundlicher Genehmigung des Herausgebers Fontis.

Die Zitate aus dem Koran sind folgender Übersetzung entnommen:
Khoury A. T., Der Koran; Übersetzung: Adel-Theodor Khoury; © 2007, Gütersloher Verlagshaus, Gütersloh in der Penguin Random House Verlagsgruppe GmbH

Die Namen aller Personen in diesem Buch wurden aus Sicherheitsgründen verändert.

MIX
Papier | Fördert gute Waldnutzung
FSC® C014138

3. Auflage 2026

Brunnen Verlag GmbH
Gottlieb-Daimler-Str. 22, 35398 Gießen
info@brunnen-verlag.de • www.brunnen-verlag.de
Übersetzung: Christian Loß
Umschlagfoto: Akela - from alp to alp / stocksy.com
Tracy Ben / adobestock.com (U4)
Umschlaggestaltung: Jonathan Maul
Druck und Bindung: FINIDR, s.r.o., Tschechien
ISBN Buch: 978-3-7655-3608-3
ISBN E-Book: 978-3-7655-7845-8

Gewidmet den verfolgten Christen Afghanistans

Mein Herz dichtet ein feines Lied,
einem König will ich es singen;
meine Zunge ist ein Griffel eines guten Schreibers.
Psalm 45,2 (LÜ)

INHALT

PROLOG

Herat, Afghanistan, Anfang der 1980er-Jahre

Der Geruch des Weinbergs wehte durch die Luft wie ein Atemzug aus den Lungen der Erde; das Aroma der Trauben wurde von einem warmen Wind begleitet, der den steifen Gliedern der Soldaten Linderung verschaffte. Der Helm kratzte und reizte die harte Haut auf seiner Stirn. Trotz der sechsmonatigen Ausbildung fühlte sich Nasiry nicht wie ein echter Soldat. Ein Hazara auf paschtunischem Boden, ein Hirte, der Sohn einer Dienerin, aber auch ein denkendes Wesen, ein lebhafter Kopf voller Fragen nach dem Sinn des Lebens und den Nuancen des Himmels. Nein, Nasiry war kein Soldat. Er vermisste die geregelte Einfachheit des Hirtenlebens, die blökende Symphonie der Schafe, die sanfte Nähe seines namenlosen Hundes und dieses tiefe Gefühl der Freiheit, das sein ganzes Dasein umgab. Er war nicht für das Soldatenleben geboren. Aber der Krieg ist ein grausamer Herrscher, kaltherzig zu seinen Untertanen. Sie werden dahingeschlachtet, sinnlos, würdelos, entbehrliche Verfügungsmasse im Dienst der reinen Machtausübung oder der willkürlichen Zerstreuung.

Sein Kopf juckte, der Schweiß rann ihm in der Spätsommerhitze den Rücken hinunter. Er wartete auf die Befehle eines bärtigen Feldwebels, dessen Augen eingefallen waren vom Hass auf das Leben, das ihm das Schicksal beschert hatte. Die Front war genau hier, nur ein kurzes Stück entfernt. Der Feind war genau hier, nur ein kurzes Stück entfernt, irgendwo versteckt, getarnt in der Landschaft; ein unersättlicher Dämon, der sich diesem Land bis zum Tod verschrieben hatte. Soldaten wie Nasiry hatten Angst vor den Mudschahedin.

Jeder, der dieses Gebiet kannte, wusste, dass sie niemals auch nur einen Quadratzentimeter staubigen Bodens aufgeben würden, ohne ihn vorher mit Blut zu tränken. Ihrem eigenen oder dem der sowjetischen Eindringlinge und ihrer Unterstützer in der Regierung.

Er vermisste seine Schafe!

„Wir schlagen unser Lager in der Mitte dieses Weinbergs auf. Wir können die übrigen Reben und die Gräben als Deckung nutzen. Der Kommandant erwartet uns um acht Uhr morgen früh einsatzbereit. Ich will, dass heute um vierzehn Uhr zweihundertfünfzig Quadratmeter des Ackers dort vorne vollständig geräumt und leer sind, damit wir dort unsere Zelte aufschlagen können. Ihr habt schon genaue Anweisungen erhalten, wie ihr das Gelände räumen sollt, also an die Arbeit!", rief der afghanische Feldwebel, ohne zu zögern, während eine Gruppe sowjetischer Offiziere an einem russischen UAZ-Geländewagen lehnten und aus der Ferne zuschauten.

Herat, die antike afghanische Stadt, deren Zitadelle von Alexander dem Großen erbaut wurde, war nur wenige Kilometer entfernt. Der Krieg zerstörte das ganze Land.

Die Sowjets regierten einen Teil der Demokratischen Republik Afghanistan seit der siegreichen Eroberung Kabuls durch die Rote Armee im Dezember 1979 und der zögerlichen Reaktion der verschiedenen Mudschahedin-Gruppen. Die mit den Russen verbündete afghanische Armee hatte beinahe aufgehört zu existieren.

Überläufer, Flüchtende und Desertierende waren an der Tagesordnung. Ein unaufhaltsamer Prozess, den die Sowjets auf alle möglichen Arten zu bremsen versuchten, indem sie der Bevölkerung mehr und mehr Verachtung entgegenbrachten und die Afghanen als Kanonenfutter einsetzten. Als menschliche Versuchskaninchen für die riskantesten Operationen gegen ihre Brüder in den Mudschahedin-Gruppen.

Es war alles falsch: der Afghanistan-Konflikt, der Kalte Krieg, die sowjetische Invasion, die instabile Regierung, die Verwüstung, die Korruption und die lange Liste der großen und kleinen Grausamkeiten, zu denen auf diesem Planeten nur der Mensch fähig ist.

Es war alles falsch. Nasiry wusste es, während er in der Gruppe der Soldaten stand, die den Weinberg räumen sollten, und ein ersticktes „Ja, Sir" murmelte.

Was für eine Verschwendung, diese Reben auszureißen, dachte er.

Der Feldwebel musste seine Gedanken gelesen haben, denn er brüllte ihm ein „Los jetzt!" zu, das kein Zögern duldete und Nasiry an die Spitze der Truppe eilen ließ. Er schwang sich eine Spitzhacke über die Schulter und lief Richtung Straßenrand, um das Feld zu betreten. Er schaute hoch zum Himmel, dem wundervollen afghanischen Himmel, den er so gut kannte, der Begleiter seiner Tagträume auf der Weide. Eine Wolke fiel ihm auf. Sie hatte die Form eines Schafes, keine Frage. Er lächelte still.

„Nasiry, für uns gibt's heute kein Mittagessen, das ist wohl sicher!", zischte der Soldat neben ihm, ein weiterer Hazara mit kindlichem Gesicht, der ihm überallhin folgte.

Er betrat das Feld über einen ebenen Pfad, der an der Straße in der Nähe eines gepanzerten Truppentransporters begann, und lief in Richtung der ersten Pflanzenreihe, während sich die nachfolgenden Soldaten hinter ihm verteilten. Für einen Moment war er eingehüllt in den Duft der reifen Fakhri-Trauben, bereit, gepflückt und zu Abjosh-Rosinen verarbeitet zu werden. Er sog die Luft ein und verspürte das Gefühl, in diesem Ackerboden versinken zu können. Als er weiterlief, ließ ihn das metallische „Klack" neben seinem linken Stiefel in einer Mischung aus Verblüffen und Entsetzen gefrieren. Für ein paar Tausendstel Sekunden, die ihm wie Minuten vorkamen, starrte er ins Leere, während in ihm der Verdacht aufkeimte, dass er gerade auf eine Mine getreten war.

Er sah, wie sich der Boden neben seinem linken Fuß wölbte, als ob eine unterirdische Kreatur gewaltsam aus den Eingeweiden der Erde hervorkroch, um ihn zu zerfleischen und mit sich fortzuschleifen.

Die Explosion war brutal.

Er fühlte, wie er hochgehoben und unkontrolliert durch die Luft geschleudert wurde. Dann kam der Staub, der beißende Geruch in seiner Nase, die markerschütternden Schreie. Diese Schreie würde er niemals vergessen. Sie würden ihn bis in seine Albträume verfolgen, die schrillen Schreie eines Tieres, das kaltblütig verstümmelt wird.

Fürchterliche, flehende Schreie.

Unmenschliche Schreie.

Seine Schreie.

Sein Blut.

Seine Beine.

DER SOHN EINER DIENERIN

Die frühen 1960er-Jahre, Provinz Kandahar, Afghanistan.

Der Klaps landete zielgenau auf Nasirys Hinterkopf.

„Du bist zu nichts zu gebrauchen“, zischte sein Onkel. Warum? Es gab keinen bestimmten Grund. Er war eben der Sohn der Dienerin.

Nasirys Familie war klein und Teil des Barakzai-Zweigs vom Stamm der Durrani, die weit über die Provinz Kandahar verstreut lebten. Genau die Gegend, die innerhalb weniger Jahrzehnte das Epizentrum der Taliban werden sollte. Die Barakzai brachten viele Emire, Königinnen und Könige hervor und machten den Stamm damit zu einem der bedeutendsten unter den Paschtunen. Aber wie die meisten aus seiner Familie war auch Nasiry kein richtiger Paschtune. Er war ein Hazara, eine weitere ethnische Gruppe, deren Mitglieder sich im Aussehen von den Paschtunen unterschieden und einst einen Großteil der Bevölkerung in Afghanistan ausmachten. Dann aber wurden die Hazara unterdrückt und verfolgt, bis sie zur Minderheit geworden waren – ausgegrenzt wegen ihrer Religion. Die Paschtunen waren sunnitische Muslime, die Hazara-Schiiten.

Nasiry unterschied sich sehr von seinen übrigen Familienmitgliedern, angefangen bei den typischen Hazara-Gesichtszügen bis hin zu seinem sanftmütigen und heiteren Gemüt.

Er hatte zwei Mütter, von denen er nur eine liebte: Hasti, die Frau, die ihn unter ihrem Herzen getragen hatte – seine wahre Mutter. Die andere war nur die erste Frau seines Vaters, der ein angesehener Mann gewesen war, bevor er starb. Nasiry war damals zwei Jahre alt gewesen. Seine einzige Erinnerung an ihn war ein ausgeblichenes Schwarz-Weiß-Foto, das im Wohnzimmer des Haupthauses einen Ehrenplatz einnahm. Er hatte dieses Foto nur ein paar Mal gesehen, als er ausnahmsweise ins Haupthaus gelassen wurde. Eigentlich lebte er in einer Hütte, in der Nähe der Tiere.

Sein Alltag war geprägt von der Arbeit mit den Tieren. Obwohl er erst 11 Jahre alt war, musste er sich um die Schafe kümmern und dabei auch die schwersten Aufgaben erledigen. Kontrolliert wurde das von seinem mürrischen Onkel, der genauso hart war wie das Leder seiner Peitsche, mit der er mal die Schafe, mal Nasiry schlug.

Vielleicht liegen die Wurzeln für Nasirys Leidenschaft, zwischen Gut und Böse zu unterscheiden, genau in diesen Jahren.

Auf der einen Seite gab es seinen Onkel und seine restlichen Verwandten der erweiterten Familie: cholerisch, angriffslustig und radikal in ihrem Verständnis des Islam – allerdings nur in bestimmten Lebensbereichen.

Auf der anderen Seite war seine liebevolle Mutter mit ihrer sanften und anziehenden Stimme. Zu Hause war für ihn kein Ort, sondern es waren die Lieder auf den Lippen seiner Mutter.

Er hatte acht Brüder und Schwestern, sieben von der ersten Frau seines Vaters und nur eine, seine ältere Schwester, die auch ein Kind seiner Mutter Hasti war. „Universum" – das bedeutete der Name seiner Mutter. Und wenn er sie bei ihrer mühsamen Hausarbeit singen hörte, in diesen wenigen Momenten, in denen kein anderes Familienmitglied in der Nähe war, dann schloss er die Augen und sah vor sich ein ganzes Universum voller Bilder, Geschichten, Farben und bunter Drachen, die am Himmel flatterten. Aber niemand in der Familie nannte sie Hasti. Für alle anderen war sie nur „die Dienerin". Für Ehemänner war es nicht unüblich, über ihre Frauen wie über Gegenstände zu sprechen, so wie man über eine Ziege oder ein Messer redete. Aber die Verachtung, mit der sie seine Mutter ansprachen, machte Nasirys kleines Herz rasend vor Wut.

Dienerin, Sklavin, Niemand, Hündin … – die neue Frau seines Vaters benutzte viele Namen für sie, wenn sie ihr im Haus oder auf dem Feld Befehle zubellte. Und wenn sie in Reichweite war, spuckte sie ihr auf den Rücken. Nasiry war den rauen Umgangston dieser ländlichen Gegend gewohnt, aber diese Gemeinheiten ließen ihn trotzdem immer wieder innerlich erbeben.

Er war wegen seiner aufgewühlten Gefühle manchmal sehr dankbar für die Gelegenheit, die Herde zusammen mit seinem schweigsamen Bruder zum Grasen auf die Weide zu bringen. Es verschaffte ihm Abstand von diesem hasserfüllten Theater. Außerdem konnte er auf dem Weg zur Weide die Affen sehen. Ja, Affen! An einem der Wege, den sie oft nahmen, lag eine große grüne Oase. Dort wohnte eine Truppe lärmender und schlitzohriger Rhesusaffen. Vor allem ein weiblicher Affe, er hatte sie „Racker“ genannt, war seine Freundin und eindeutig die Anführerin. Während er bei ihren seltsamen Spielen zuschaute oder beobachtete, wie sie sich gegenseitig entlausten, bemerkte Nasiry, dass die Affenherde unter weiblicher Leitung stand. Wenn sie ihn auf seinem Esel heranreiten sah, präsentierte „Racker“ ihm eine immer neue Abfolge von Saltos und Drehungen in ihrem Bemühen, ihn zu überraschen und von neuen Aussichtspunkten aus zu überrumpeln.

Sie war seine Vertraute: die Einzige, mit der er reden konnte. Im wahrsten Sinne des Wortes, denn zu Hause durfte er nicht sprechen. Er war schließlich der Sohn der Dienerin.

Aber ehrlich gesagt war Racker nicht Nasirys einzige Vertraute: Es gab da auch noch „Hund“. Hund war … na ja, eben der Hutehund der Familie. Er hatte keinen Namen, alle nannten ihn nur „Hund“, genauso wie die Schafe „Schafe“ waren, ein Stock ein „Stock“ und Nasiry eben der „Sohn der Dienerin“. Er hatte unzählige Male versucht, dem Hund einen Namen zu geben, aber die graue, verwahrloste Kreatur hörte nur auf „Hund“. Wenn er überhaupt hörte. Er war ein Streuner, ein Freigeist, vielleicht der einzige überhaupt in der Familie. Er konnte tagelang verschwinden, nur um dann mit blutverkrustetem Fell unter der Schnauze wieder aufzutauchen. „Pirat“ hätte gut gepasst, vor allem wegen seines blinden Auges, das er sich vermutlich bei einem Kampf während eines seiner Ausflüge geholt hatte.

Aber „Hund“ schien Nasiry zu mögen. Das zeigte sich darin, dass er nicht erst mit einem Stock dazu gebracht werden musste, seinen Job zu erledigen, wenn Nasiry mit der Herde loszog. Sobald er sah, dass Nasiry sich auf den Esel schwang, war er schon auf den Beinen und den Schafen auf den Fersen. Er war bereit, seine Aufgabe zu erfüllen – was er übrigens ziemlich gut machte. Eines Abends, als die Dämmerung über einem friedlichen Frühlingstag hereinbrach, sollte „Hund“ Nasirys Leben retten. In einem Kampf mit dem berüchtigtsten wilden Tier dieser Gegend, dem Erzfeind aller Schafe: dem Wolf. Aber das geschah einige Jahre später, als Nasiry längst nicht mehr Teil der Familie war.

„Du wirst von dieser Familie keinen Cent bekommen, Sklavenjunge!“, zischte sein Onkel und versuchte, nach ihm zu treten. Aber Nasiry war flink. Und nachdem der erste Schlag ihn überrascht hatte, flitzte er jetzt schnell zur Seite. Auf Händen und Füßen, so wie er es bei „Racker“ gesehen hatte. Die Gedanken seines Onkels drehten sich ständig um Geld und um das Erbe. Hasti, seine Mutter, die Hazara-Dienerin, würde auf keinen Fall etwas davon abbekommen. Sie sollte dankbar sein, ein Dach über dem Kopf und einen Schlafplatz zu haben. Der Hass, den die beiden und manchmal auch ihre Kinder über sie ausschütteten, war außer Kontrolle geraten. Er glich einem Vulkan voller Wut, der jederzeit ausbrechen konnte.

Es war Nasiry ein Rätsel, wie diese Leute ein solches Verhalten mit ihrem frommen Leben als Muslime vereinbaren konnten. Sie lasen den Koran, verpassten kein rituelles Gebet und gingen regelmäßig in die Moschee. Andererseits war für ihn die ganze muslimische Welt ein seltsames Wirrwarr aus Widersprüchen. Viel mehr noch: eine unehrliche Religion. Als Jugendlicher wagte er es natürlich nicht, diesen Gedanken auszusprechen. Aber es sollte ein Zeitpunkt kommen, an dem der Damm dieser sozialen Konventionen nicht mehr halten würde. Der Riss würde größer werden, ein Sturzbach losbrechen, der jeden Winkel seines Lebens überfluten und ihn mitreißen würde, an die gefährlichsten Orte dieser Welt.

Und dann kam der Tag. Er hatte seinen Onkel und alle anderen männlichen Mitglieder seiner Familie den ganzen Tag auf Abstand gehalten. Es lag Ärger in der Luft, er tat also gut daran, in Deckung zu gehen. Am Abend fand er seine Mutter, wie sie weinend in einer Ecke am Feuer kauerte. Nicht, dass es das erste Mal gewesen wäre, aber der traurige Schleier, der sie umhüllte, war heute dichter als sonst.

„Wir müssen weg, mein Kleiner“, sagte sie, nachdem sie Augen und Nase am Ärmel ihres Kleides trocken getupft hatte. „Wir müssen weg“, wiederholte sie flüsternd, nahm ihn fest in den Arm und sog seinen Geruch auf. Und eines Tages gingen sie tatsächlich.

Wenige Wochen später nahm Hasti Nasiry und seine Schwester zur Seite und erklärte ihnen, dass die Familie sie nicht wollte, sie hasste, weil sie Hazara waren, und es für sie hier keine Zukunft gäbe. Sie mussten weg, bevor irgendetwas Schlimmes passierte. Es war eine schlaflose Nacht, in der sie – gequält von dunkler Vorahnung – ihre wenigen Habseligkeiten und ein paar Vorräte einpackten. Sie verließen das kleine Haus aus Holz und Stein noch vor der Morgendämmerung. Die Dunkelheit war feucht und kalt. Sie kroch ihnen in die Knochen und vermischte sich mit der Angst, entdeckt zu werden, was auch immer das bedeuten würde. Sie bewegten sich lautlos und zu Fuß: Keine Chance, einen Esel mitzunehmen, sie wären des Diebstahls bezichtigt worden. Als zweite Witwe gehörte Hasti zumindest ein kleiner Teil des Besitzes, aber keiner der örtlichen Richter hätte ihr diesen Anspruch auch eingeräumt. „Und hackt dem Dieb und der Diebin die Hände ab zur Vergeltung für das, was sie erworben haben, dies als abschreckende Strafe vonseiten Gottes. Und Gott ist mächtig und weise." Eine Passage aus dem Koran, die selbst Nasiry auswendig konnte. Einige Jahre zuvor war er auf einen kleinen Platz geschleppt worden, auf dem einem jungen Mann mit einem sauberen Hieb eine Hand abgetrennt wurde, während die Menge „Allahu akbar!" brüllte – Gott ist größer. Sein Onkel wiederholte wie im Rausch die Verse immer wieder und fuchtelte dabei mit seinem Zeigefinger drohend vor Nasirys Gesicht herum.

Beim Gehen schauten sie sich immer wieder um wie Diebe. Aber keiner bemerkte sie. Außer einem: „Hund". Etwas verwirrt beobachtete er sie in der Dunkelheit, als würde er abwägen, was er tun sollte. Dann richtete er sich auf und trottete lautlos hinter ihnen her. In seinem typischen, wogenden Gang, der eher zu einem Wolf passte als zu einem Hütehund.

Das Ziel ihrer Flucht kannte Nasiry nicht.

„Ich bringe euch an einen Ort, an dem es sicherer ist", hatte seine Mutter gesagt. Das war alles, was sie wissen mussten.

DER HIRTE DER SCHAFE

Die frühen 1970er-Jahre, Provinz Bamyan, Afghanistan

An ihre Flucht hat Nasiry nicht viele Erinnerungen. Nur die ständige Anspannung und das bedrückende Gefühl, gejagt zu werden, haben sich ihm eingeprägt. Das gleiche Gefühl würde er viel später noch einmal erleben, als er sich wieder nach Verfolgern umsehen musste.

Ihre Reise endete in einer größeren Stadt weiter nördlich bei einer Verwandten seiner Mutter. In einer Gegend, die überwiegend von Hazara bewohnt war. Innerhalb weniger Monate machte sie die traditionelle Gastfreundschaft zu einer Art Großfamilie. Seine Mutter bekam einen Heiratsantrag von einem örtlichen Witwer, einem Bauern, der nach einer sanftmütigen und geschickten Ehefrau suchte. Die Heirat wurde kurzfristig und ohne viel Aufhebens arrangiert, aber nicht ohne eine kleine Feier. Hier wurden Nasiry und seine Schwester in die Gemeinschaft eingeführt und dem Mullah des Ortes vorgestellt. Für Jungs war es obligatorisch, in die Moschee zu gehen und an den Zeremonien teilzunehmen. Also vertiefte auch Nasiry sich in den Koran, dieses Mal aber unter den Fittichen seiner eigenen Glaubensrichtung, der Hazara-Schiiten.

Und endlich konnte er die Fragen stellen, die ihn bewegten:

„Warum ist es nur dem Mann erlaubt, eine Ehe aufzulösen, wenn er es doch ist, der seiner Frau das Leben zur Hölle macht?"

„Warum unterstützt Allah der Gnädige so viel Grausamkeit und Tod unter den Muslimen?"

„Wie kann ich sicher sein, dass Allah mich liebt?"

„Ist der Heilige Krieg die einzige Möglichkeit, in den Himmel zu kommen?"

Das waren nur einige der Fragen, die sich der jugendliche Nasiry dem Mullah zu stellen traute. Die Antworten variierten von „so steht es geschrieben“ über „du verdienst keine Antworten“ bis hin zu flinken Schlägen auf seinen Kopf oder die Arme. Dazu wurde eine Art Fliegenklatsche aus flexiblem Holz benutzt, die mit Stoff überzogen war und für blaue Flecken sorgte, die tagelang blieben. Er lernte schnell, seine Zweifel herunterzuschlucken. Aber je mehr er das tat, desto unruhiger wurde er.

Mittlerweile hatte seine Schwester geheiratet und war weggezogen. An dem Tag, als sie ging, weinte er heimlich. Sie war immer sanft zu ihm gewesen und hatte ihn mindestens genauso umsorgt und geliebt wie seine Mutter. Ein Jahr später lud sie ihn ein, zu ihr zu ziehen und bei ihr zu leben: „Komm und lebe bei uns, kleiner Bruder. Du kannst hier zur Schule gehen und uns mit den Schafen und dem Haus helfen, es ist nett hier, du wirst schon sehen.“ Nasiry zögerte kurz, sagte dann aber zu.

Seine Mutter zu verlassen fiel ihm schwer. Aber sie hatte nun einen neuen Mann und ein eigenes Leben. Anders als er. Er fühlte sich wie ein Paket, das je nach den Bedürfnissen der anderen hin und her geschoben wurde. Er hatte weder irgendwelchen Besitz noch eine eigene Identität. Nasiry war ein schmaler Kerl, ein Überlebenskünstler mit einem Herz voller Zweifel, Fragen und Träumen. Er war gefangen in einem Schicksal, das bisher nicht in seinen Händen lag. Die Einladung seiner Schwester zu akzeptieren war vielleicht die erste eigenständige Entscheidung, die er jemals getroffen hatte.

Und sie sollte sich für ihn als ein Wendepunkt erweisen – vor allem wegen der Schule.

Sein Schwager hieß ihn willkommen, wie man neue Rekruten in einer Armee begrüßen würde. Nasiry war eine günstige Arbeitskraft, für die man nicht viel bezahlen musste: Unterkunft,

Verpflegung, medizinische Versorgung, falls nötig, und natürlich Schule. Bald wurde er zum Onkel, und sich um das Kind seiner Schwester zu kümmern wurde zu einer seiner Aufgaben.

Der Morgen war für die Schule da, der Nachmittag für die Schafe, deren Hauptaufseher er bald wurde. Nasiry entdeckte, dass er es liebte zu lernen. Er war ein guter, wissbegieriger Schüler, was ihn sehr von seinen Klassenkameraden unterschied. Dabei war er alles andere als ein Außenseiter: Ständig lachte und spielte er mit den anderen, vor allem Cricket, und war in keinster Weise schüchtern oder introvertiert, sondern eigentlich immer gut gelaunt. Manchmal gingen sie gemeinsam zu einem nahe gelegenen Feld, um sich ein Buzkashi-Spiel anzuschauen. Bei dem brutalen afghanischen Volkssport ist es das Ziel, einen toten Ziegenbock zu fangen. Um besser sehen zu können, kletterten sie auf Bäume, die auf einem Hügel unweit des Spielfeldes standen. Beim Buzkashi gibt es kaum Regeln, deshalb geht es meist sehr chaotisch zu. Reiter aus den umliegenden Dörfern wetteiferten um den kopflosen Ziegenkörper. Ihre Anzahl änderte sich manchmal, aber es waren nie mehr als 30 Spieler. Es gab keine Teams. Allianzen wurden je nach Bedarf zwischen den Reitern geschmiedet und genauso schnell wieder aufgelöst. Es galt: jeder gegen jeden!

Manche sagen, Buzkashi sei eine perfekte Metapher für die Geschichte Afghanistans. Immer, wenn sich das Getümmel der Reiter zu einer Woge der Gewalt auftürmte und sich die Pferde zwischen Peitschenhieben, Schlägen und Stößen schweißgetränkt aufbäumten oder stürzten, brachen die Zuschauer in johlendes Gelächter aus. Nasiry und die anderen feuerten die Reiter aus vollem Halse an. Und wenn der Ziegenkadaver dann im Zielkreis landete, waren Schlägereien nichts Ungewöhnliches.

Auch die belohnten die Kinder mit lautem Gelächter. Verletzungen und Knochenbrüche gehörten zum Spiel. Es war üblich, dass sowohl die Reiter als auch die Pferde beeindruckende Narben von den Spielen davontrugen. Doch das war nicht die Welt, in die Nasiry gehörte. Da war er sich sicher. Er konnte Gewalt nicht ausstehen und manchmal verfolgten ihn die Wettkämpfe bis in seine Albträume.

Er hatte oft das Bedürfnis nach Stille und Einsamkeit. Es gab viele Momente, in denen er seinen Geist auf Reisen schicken wollte. In seinen Tagträumen ließ er sich wie mit einem Segelboot von seiner Fantasie und dem Wind seiner Träume in fantastische Abenteuer treiben. Lesen zu lernen war für ihn, wie verborgene Schätze von unvorstellbarem Wert zu entdecken; es gab so viel Wissen! Zum ersten Mal hatte er das Gefühl, dass seine Rastlosigkeit, die ihn ständig begleitete, ein Ventil gefunden und einen Sinn bekommen hatte.

Er lernte, den Koran zu lesen, um das, was ihm beigebracht wurde, überprüfen zu können. Mittlerweile hatte er verstanden, dass es klüger war, dem Mullah keine Fragen zu stellen. Dessen Leben und auch das vieler anderer Menschen in seiner Umgebung steckten so voller Widersprüche. Das machte Nasiry zu schaffen. Es trieb ihn um, wie sehr Beziehungen in dieser Gesellschaft von Scham und Ehre bestimmt wurden. Er konnte den Schleier der Heuchelei, der über den Erwachsenen um ihn herum lag, fast sehen. Obwohl er es nicht wollte, schnappte er die Gerüchte und Anschuldigungen gegen den Mullah auf, die sich die Leute nach dem Freitagsgebet beim Verlassen der Moschee zuflüsterten. Es war wie eine andere Form von Buzkashi, aber anstelle von Fäusten wurde mit Wörtern gekämpft und statt eines Ziegenkadavers wurde sein junges Herz mal hierhin und mal dorthin gezerrt.

Die Hilfsbereitschaft gegenüber den muslimischen Brüdern war das Hauptthema in den Predigten des Mullahs. Allerdings erweiterte er seine Vorträge um lange Exkurse über die Dringlichkeit, sich von den ungläubigen Götzendienern fernzuhalten, die unrein seien und verlogen bis auf die Knochen. Daraufhin brach er in Schimpftiraden gegen diese Ungläubigen aus und beschwor einen Heiligen Krieg gegen sie herauf, wobei die genaue Form und die Ziele dieses Krieges meist vage blieben.

Von Rauch und Blut war in diesem Glaubensbekenntnis die Rede. Beides wirkte seltsam fremd und abstoßend auf Nasiry.

Hatte das Schicksal ihm diesen Glauben zugelost?

Als ein paar Jahre später die Revolution[1] das Land auf den Kopf stellte, kamen die Kommunisten an die Macht. Das dadurch ausgelöste Chaos gipfelte in der russischen Invasion, die wiederum den Aufstieg der Mudschahedin und ihrer Erzählung vom „Märtyrer-Tod für das Vaterland" zur Folge hatte. In dieser Zeit wurde das Bild von Allah als Gott des Krieges und des Feuers vor allem für die Bevölkerung in den ländlichen Gegenden zur Lebens- und Glaubensgrundlage. Und für Nasiry kam die Zeit, sich seiner Unruhe und seinen Zweifeln zu stellen.

Es war ein ganz normaler Tag. Nasiry hütete die Schafe. „Hund" lag faul neben ihm, seine Augen zusammengekniffen, aber nicht ganz geschlossen, und atmete wie immer schwer und gleichmäßig. Manchmal schnarchte er oder winselte leise. Wahrscheinlich träumte er davon, wie er ein Huhn jagte oder eine kleine Eidechse. Aber die Tatsache, dass er seine Augen nie ganz schloss, brachte Nasiry immer wieder zum Lächeln.

Es war nicht das erste Mal, dass er über mehrere Tage hinweg

[1] Die sog. Saurrevolution vom 27. April 1978 führte zur Ausrufung der Demokratischen Republik Afghanistan.

auf die Tiere aufpasste, aber er hatte es bisher nur wenige Male alleine gemacht. Manchmal war es eben nötig, die unmittelbare Umgebung zu verlassen und andere Erledigungen in weiter entfernten Dörfern zu machen. In diesen Fällen verbrachte er meist mehrere Nächte unter freiem Himmel. Für Nasiry war das kein Problem, er liebte den afghanischen Himmel bei Tag und bei Nacht. Außerdem nahm er seine Bücher mit. Einige Jahre waren vergangen, seit König Mohammed Zahir Shah abgesetzt und Afghanistan zur Republik erklärt worden war. Die Führung hatte Mohammed Daoud Khan übernommen, der erste Präsident Afghanistans. Als Folge einer Phase der Öffnung und des Fortschritts, die der ehemalige König noch selbst initiiert hatte, war der Standard der Schulen besser geworden. Immerhin gab es keinen Mangel an Büchern. Aber die Hauptstadt Kabul strotzte nur so von Verschwörungen gegen die Regierung. In diesen Tagen brütete die politische und militärische Elite eine Rebellion aus.

Nasiry wurde aus dem Schlaf gerissen. Er hatte seinen Rücken an einen Stein gelehnt, den er sich als Bett ausgesucht hatte. Seine Decke und sein Buch lagen auf seinen Knien, während der hartnäckige Wind der Nacht an dem Vorhang zerrte, der sein kleines Lager schützte. Aber etwas anderes musste ihn geweckt haben. Irgendetwas stimmte nicht. „Hund" war nicht da. Er stand einige Meter entfernt. Eine kleine Gruppe Schafe stand eng und blökend beieinander, andere liefen hektisch im Kreis.

Nasiry brauchte ein paar Sekunden, um zu verstehen, was los war. Zu lange, um schnell genug zu reagieren.

Er stand auf, immer noch schlaftrunken und zerzaust, und griff nach dem langen Stock, den er zum Wandern und zur Verteidigung benutzte. Er schnalzte mit der Zunge und tastete mit der freien Hand nach dem langen Messer, das er an der Hüfte trug.

Das Schnalzen war ein Kommando an „Hund“, aber der warf ihm nur einen kurzen Blick zu und rührte sich nicht vom Fleck.

Woher kam die Gefahr? Wie lange war sie schon da? Wie hatte er einschlafen können, ohne etwas zu bemerken?

Während er sich fieberhaft im Halbdunklen umsah, fuhr ihm ein Schauer über Arme und Beine. Er schlich leise Richtung „Hund“, der starr und regungslos blieb. Als er näher an ihn herankam, konnte er sein tiefes und gleichmäßiges Knurren hören. Das war es, was ihn aufgeweckt hatte.

„Wo, Hund?“, fragte er. Hund winselte. Nasiry schaute in die Richtung, in die sein treuer Begleiter starrte, aber er konnte nichts erkennen. Er wirbelte herum, als hätte ein Dämon seinen Nacken berührt. Und dort waren sie, ein paar Meter hinter ihnen. Zwei funkelnde Schlitze, die sich unmerklich bewegten. Zwei Augen und der dunkle Umriss von Gefahr.

Ein grauer indischer Wolf bewegte sich langsam vorwärts, als würde er die Stabilität des Bodens unter seinen Pfoten testen. Nasiry war in jeder Hinsicht zu spät. Sein Herz schlug wie verrückt. Er hatte sich überrumpeln lassen.

Es war ein Weibchen, kaum über 20 Kilo schwer und etwa 1,20 m lang. Schmal, wendig, gnadenlos und leise. Der indische Wolf ist ruhiger als seine europäischen Verwandten und heult nicht den Mond an. Er lauert im Stillen. Und er ist selten allein.

Nasiry hätte sich daran erinnern sollen, als er die Zähne zusammenbiss und mit dem Stock ausholte. Eine riskante Entscheidung, aber er hatte Angst. Seine Schultern zitterten wild, während er sich für den ersten Schlag gegen seinen lautlosen Feind bereit machte. Der Wolf wartete herausfordernd.

Als der Stock auf dem Felsen aufschlug und sein eigentliches Ziel verfehlte, brüllte Nasiry, so laut er konnte. Aber der Wolf tänzelte flink zur Seite und hielt Abstand.

Er hätte bemerken müssen, dass Hund sich keinen Zentimeter bewegte.

Er hätte sich wundern müssen, warum Hund ihm nicht zur Hilfe kam und den Angreifer ignorierte.

Er hätte wissen müssen, dass das Weibchen der Köder war.

Ein Blitz, wie ein Elektroschock, durchfuhr seinen Körper, als er verstand, was passierte.

Im nächsten Moment hörte er so etwas wie ein unterdrücktes Knurren hinter sich, gefolgt von einem Wirrwarr aus Fauchen, Bellen und Wimmern. Als er sich umdrehte, sah er Hund mit einem weiteren, größeren Wolf kämpfen, der sich nur ein kleines Stück neben seinem Bett versteckt hatte. Das Weibchen war der Köder. Das Männchen war der Jäger. Er war die Beute. Ihm war plötzlich sehr klar, dass so ein Verhalten ziemlich untypisch für Wölfe war. Dann drehte er sich wieder zum Weibchen und machte einige große Schritte auf sie zu, während er mit dem Stock nach ihr schlug und wie ein Besessener brüllte.

Hund war vermutlich in Gefahr, aber er musste das Weibchen zurückschlagen, um überhaupt eine Chance zu haben, hier heil herauszukommen. Sein Wüten zeigte Wirkung, das Weibchen zog sich zurück. Nasiry wirbelte wutentbrannt herum, um seinem Freund zu Hilfe zu eilen. Hund stand regungslos da, seine Brust hob und senkte sich rasch, und er stieß dieses tiefe Knurren aus, das Nasiry noch nie zuvor gehört hatte. Der Wolf zögerte und wiegte seinen Kopf tief am Boden hin und her. Wippend und tänzelnd wie ein Boxer, der den Schlägen seines Gegners entgehen will. Nasiry hatte Zeit, sich mit aller Wut, die er aufbringen konnte, in den Kampf zu stürzen. Gleichzeitig wusste er, dass es noch mehr Wölfe geben könnte.

Als er ihn mit dem langen Stock auf sich zukommen sah, überlegte es sich der Wolf anders, wich aus, drehte sich um und trat den Rückzug an. Nasiry sah sich hektisch nach anderen Tieren um. Kurz darauf zählte er auf der Spitze eines kleinen Hügels in der Ferne vier oder fünf weitere Gestalten: ein Rudel. Er sah zu seinem Gefährten hinunter: Hund knurrte immer noch, sein blindes Auge war völlig geschlossen und Blut tropfte aus einer Seite.

Die Nacht verging langsam. Nasiry hielt Wache, während Hund erschöpft immer wieder zwischen Schlaf und Wachsein hin- und herglitt. Die Wunde war nicht besonders tief. Eine neue Narbe für die Sammlung des „Piraten". Nasiry wusch ihn sorgfältig und fütterte ihn großzügig im Laufe der nächsten Tage. Das hatte er sich verdient.

Es war nicht die erste gefährliche Begegnung mit dieser Art von Raubtieren. Aber diese Nacht hinterließ zusätzlich zu der Narbe im fleckigen Fell seines Gefährten auch in Nasirys Herzen eine Schramme. Diese Art von Wölfen jagte normalerweise Hasen, manchmal auch Rehe oder Antilopen. Aber in diesem Fall war ihr Ziel ein Mensch, weil er zwischen ihnen und einer üppigen Beute aus Schafen stand. Sie wendeten dafür die Taktik an, die sie normalerweise auch bei besonders herausfordernden Beutetieren nutzten. Wie zum Beispiel bei Antilopen, von denen es in der Gegend, in der Nasiry sich aufhielt, eine Menge gab. Der Köder und der Jäger. Eine Lektion, die er niemals vergessen würde. Und die ihn über Nacht erwachsen werden ließ.

Er hatte kein einziges Schaf verloren.

Als die Morgendämmerung anbrach, fielen die ersten Sonnenstrahlen auf sein Lager und auf eine friedliche, ungefährliche Landschaft. Er starrte stumm in den Himmel. Dann flüsterte er: „Allah, bist du wirklich gnädig?"

MEIN LAND STEHT IN FLAMMEN

Die 1980er-Jahre, von Bamyan nach Kabul, von Kabul nach Herat, Afghanistan

Ein Paket. Wieder wurde er zu einer Last im Leben von anderen.

Die politische Krise in seinem Land war zu einem Bürgerkrieg mutiert, der mit einem Befreiungskrieg gegen die russischen Besatzer verschmolz. Der Konflikt war in das Leben von Millionen junger Menschen eingedrungen, die mitten in den Bomben, die in den kommenden Jahren auf sie niederprasseln würden, auf der Suche nach einer Zukunft waren. Die Situation war so kompliziert, dass weder Nasiry noch irgendjemand anders sie wirklich verstand. Der prokommunistische Putsch der demokratischen Volkspartei Afghanistans hatte der afghanischen Bevölkerung nur noch mehr Blutvergießen beschert. Er hatte den Konflikt weiter verschärft, der zum Tod von Hunderttausenden Afghanen führte und über eine Million Menschen verstümmelte. Durch Bomben, aber vor allem auch durch Landminen. Zahllose Kinder verloren inmitten dieses Wahnsinns einen Arm oder ein Bein, ganz zu schweigen von ihrer Zukunftsperspektive oder ihrer Fähigkeit zu träumen. Mindestens fünf Millionen Menschen flüchteten in den Iran oder nach Pakistan. Über zwei Millionen Afghanen wurden Flüchtlinge im eigenen Land. In diesen grausamen 1980er-Jahren waren praktisch die Hälfte aller Flüchtlinge weltweit Afghanen. Die Invasion der Roten Armee machte Afghanistan zu so etwas wie einem sowjetischen Vietnam, aus dem sich die Russen etwa 10 Jahre später als Verlierer zurückziehen würden. Das geschah 1989, dem Jahr, in dem die Berliner Mauer fiel und die Sowjetunion begann auseinanderzubrechen.

In dieser Zeit entstand – Krater um Krater, Grabstein um Grabstein – ein neues Afghanistan; ein Land, in dem man das Wort „Hoffnung" nicht einmal denken durfte. Die neuen Machthaber waren die Mudschahedin: ein Mischmasch aus Clans, die oft untereinander stritten. Ihr Aufstieg war ein Brandbeschleuniger für die kollektive Wut und vermischte sich mit einem immer radikaler werdenden Islam. Nasiry spürte: Der Gott des Feuers und des Todes war wieder da. Er kehrte zurück wie ein Tyrann, der die Menschenwürde mit Füßen trat. Durch ihn wurde das Gefühl der Verzweiflung zu einem alltäglichen Begleiter des afghanischen Volkes.

Nasiry musste seine Schwester verlassen und zu seiner Mutter in die Hauptstadt ziehen. Dort war es unsicher, vor allem wegen der Angriffe und Bombardierungen der Mudschahedin. Trotzdem gab es keinen besseren Ort, um Arbeit zu finden. Es war nervenaufreibend, wieder einmal ganz von vorne beginnen zu müssen. All seine alten Ängste kehrten zurück. Er durfte nicht mehr in die Schule gehen und musste sich von seinen Freunden, seiner geliebten Schwester und ihrer Familie verabschieden, die stets gut zu ihm gewesen waren. Eine Weile lang hielt er sich mit dem Verkauf von Dingen des täglichen Bedarfs über Wasser, die er auf den Märkten kaufte und an Passanten an der Straßenecke weiterverkaufte. Es war ein erbärmliches Leben, das einzig und allein dem Überleben diente. Das Zusammenleben mit seiner Mutter brachte ungute Erinnerungen an seine Kindheit zurück, aber ihre Anwesenheit war auch beruhigend. Ihr neuer Mann war schweigsam und grob, aber nicht unfreundlich. Er rief seine Mutter nie beim Namen, wie es bei den strenggläubigen Muslimen in dieser Gegend Sitte war. Ehefrauen waren Objekte, Teil einer Mitgift, die eines Tages den Kindern überlassen werden würde. Er hatte noch einige Brüder und Schwestern bekommen, aber sie alle hatten bereits ihr Zuhause und teilweise auch das Land verlassen. Nasiry lebte mit seiner Mutter und ihrem zweiten Mann in einem Haus, das groß genug für alle war. Eines Tages klopfte ein Soldat der Regierung an die Haustür: „Bist du Nasiry?“, fragte er gebieterisch. Nasiry nickte.

„Melde dich nächsten Dienstag bei dieser Adresse. Du wurdest einberufen. Gemäß Gesetz Nummer …“ Die restlichen Worte schafften den Weg in Nasirys Kopf nicht. Denn jede Zelle in seinem Gehirn hatte das Wort „einberufen“ an die große Wand seiner Ängste geheftet. Er war wie gelähmt, als der Soldat ihm ein Stück Papier mit dem Briefkopf des Verteidigungsministeriums in die Hand drückte.

„Hör zu, junger Mann! Du musst dein Vaterland verteidigen!“, zischte der Soldat ihm zu, machte auf dem Absatz kehrt und ließ ihn stehen.

Einberufen.

Viele flohen nach Pakistan, um diesem Schicksal zu entgehen. Sie mischten sich dort unter die Tausenden Flüchtlinge, die nach und nach die Lager der Vereinten Nationen und einiger NGOs (Nichtregierungsorganisationen) füllten. Einige behaupteten, die Route in den Iran sei einfacher und die Lager dort besser organisiert. Aber jeder, den Nasiry kannte, hatte irgendeinen Verwandten oder Freund in Pakistan. Der Gedanke an Flucht quälte ihn in jeder Nacht, die ihn vom Tag der Einberufung trennte.

Seine Mutter war verzweifelt. Jeder wäre das gewesen. Nasirys Einberufung bedeutete, dass er gegen die Mudschahedin kämpfen musste. Seite an Seite mit der Regierungsarmee, die von den Sowjets unterstützt wurde. Afghanen, die Afghanen töteten – das war die Realität. Auf der einen Seite stand das Militär der Demokratischen Volksrepublik Afghanistan im Dienst der Regierung in Kabul und finanziert von der russischen Regierung unter dem Schutz der sowjetischen Streitkräfte. Auf der anderen Seite die gefürchteten Mudschahedin, über verschiedene Landesteile verstreute Clans, die von ausländischen Mächten wie den USA und Pakistan unterstützt wurden, außerdem von reichen Saudis wie Osama bin Laden.

Nachdem die afghanische Armee hohe Verluste erlitten hatte, erhöhten die Sowjets die Anzahl der Einberufungen. Immer wieder gab es Überläufer; es kam zu verzweifelten Fluchtversuchen, teils direkt vor den Augen der russischen Ausbilder, und zu Massendesertionen. Die Soldaten mussten schließlich gegen ihre eigenen Landsleute kämpfen. Hinzu kam, dass jeder noch so kleine Sieg der Mudschahedin von mutigen Heldengeschichten der sogenannten „Gotteskrieger" und Berichten über die grausame Bestrafung ihrer Feinde begleitet wurde. Ihre Propaganda war eine Mischung aus Koranversen zum „Heiligen Krieg" und schrecklichen Warnungen an alle Afghanen, die es wagten, sich auf die Seite der russischen Eindringlinge und deren Marionettenregierung zu stellen. Ein Islam, der sich zunehmend radikalisierte und sich auf die wörtliche Auslegung des Korans stützte, wurde zum Rahmen für eine Geschichte, die keine alternativen Szenarien zuließ.

Die Menschen auf der Straße trauten sich nicht mehr, ihre Meinung laut zu sagen. An jeder Ecke konnten Spione der Mudschahedin, der Regierung, der Russen, der Amerikaner, der Saudis und der verschiedenen Fraktionen und Clans lauern. Auch bei Gesprächen unter vier Augen war Vorsicht geboten. Man tat gut daran, nicht zu viel zu reden. Denn dieser Krieg war nur der erste Akt eines höllischen Schauspiels, das in Afghanistan aufgeführt wurde. Als sich die Sowjets 1989 zurückzogen, trieben die untereinander zerstrittenen Mudschahedin das ganze Land in einen blutigen Bürgerkrieg. Aus ihnen entstanden die Taliban, die Protagonisten eines weiteren grausamen Aktes im nationalen Drama Afghanistans, das bis heute andauert.

Schweißgebadet und verängstigt erschien Nasiry schließlich im Rekrutierungsbüro. Alles ging sehr schnell. Am selben Abend noch wurde er unter dem Gebrüll von Regierungsbeamten und unter der Aufsicht sowjetischer Soldaten in einen Bus voller verängstigter Jungen verladen.

Wie ein Paket; ein Gepäckstück im Leben anderer Menschen. Das bin ich, und nicht mehr, dachte er und suchte sich einen Sitzplatz.

Die Reise dauerte eine halbe Ewigkeit: mindestens 20 Stunden. Sie stoppten einige Male, um zu tanken und den Rekruten die Möglichkeit zu geben, sich die Beine zu vertreten. Es gab viele Kontrollpunkte und nicht selten konnte man in der Ferne Schüsse und Explosionen hören.

Sie erreichten Herat am späten Nachmittag. Dort lud man sie in einem Ausbildungslager ab, das vom sowjetischen Militär geführt wurde. Als es Zeit für ihre Abendrationen wurde, waren sie längst auf bestimmte Baracken verteilt und hatten konkrete Aufgabenbereiche zugeteilt bekommen. Nasiry war einer derjenigen, die fünf Schuljahre absolviert und zumindest für kurze Zeit sogar die weiterführende Schule besucht hatten. Deshalb sollte er eine sechsmonatige Offiziersausbildung machen. Es war Krieg und für eine ordentliche militärische Ausbildung war keine Zeit.

Nach einer schlaflosen Nacht wurde ihm klar, dass er durch die Offiziersausbildung noch eine Weile von der Front fernbleiben würde, was ihn sehr beruhigte. In der darauffolgenden Nacht konnte er tief und fest auf seiner Pritsche schlafen. Trotz der nächtlichen Geräusche und dem Schluchzen der anderen Soldaten, deren Todesangst ihnen den Schlaf raubte.

Eine Lektion seiner Ausbildung beinhaltete die Guerilla-Taktik der Mudschahedin. Er sah Fotos von ihren kaltblütigen Taten und in seinen Gedanken tauchten grausame Geschichten über Folter und Hinrichtungen auf. Er war nicht dumm. Er wusste, dass die

Sowjets genauso schlimm waren: Vergewaltigungen von Frauen und Mädchen waren zwar ein Verbrechen, kamen aber in diesen Tagen nur allzu häufig vor. Afghanische Frauen und Mädchen waren die Opfer. Seine Leute. All das vertiefte den dunklen Abgrund in seiner Seele nur noch weiter. Egal, aus welcher Perspektive er es auch betrachtete, sein Schicksal war besiegelt. Denn dieser Krieg würde nicht so schnell zu Ende gehen. Und auf welcher Seite man auch stand, freiwillig oder unfreiwillig: Auf der anderen Seite würde es immer einen Feind mit einem Messer zwischen den Zähnen geben. Heute und an jedem neuen Tag.

Er musste an Wölfe denken.

Wie einfach doch das Hirtenleben war. Keine Graustufen. Wölfe, Schafe, Hirten, Hunde, alles war klar aufgeteilt, jede Rolle war in Stein gemeißelt.

Er wollte ein Hirte sein. Kein Soldat.

Die Monate der Offiziersausbildung vergingen wie im Flug. Er bekam sein Diplom und hatte gute Noten. Er wurde einer Einheit zugeteilt, die nur wenige Kilometer vom Ausbildungslager entfernt stationiert war. Tatsächlich konnte man nachts oft den Gefechtslärm in der Ferne hören. Die Mudschahedin benutzten aggressive Guerilla-Taktiken. Die Sowjets warfen Bombenteppiche ab und nahmen damit viele zivile Opfer in Kauf. Sie kannten die Stärke der Mudschahedin noch nicht und bekamen von der Regierungsarmee kaum Unterstützung. Außer den Soldaten, die als Kanonenfutter für die riskantesten Operationen eingesetzt wurden.

„Wir brechen im Morgengrauen zu einem Außenposten 22 Kilometer westlich von hier auf. Von dort aus werden wir uns Richtung Norden in ein ungesichertes Gebiet bewegen und einen Wachtposten einrichten. Ihr bekommt alle wichtigen Informationen im Laufe des Tages“, rief der Feldwebel seinen Soldaten zu, die sich in ordentlichen Reihen aufgestellt hatten.

Es war nicht sein erster Einsatz. Aber diesmal sprachen Einsatzbesprechung und Ausrüstung eindeutig für einen längeren Aufenthalt außerhalb des Lagers. Einerseits war er erleichtert, denn es gab eine Sache im Lager, die ihn beunruhigte: das Lazarettzelt oder, genauer gesagt, der Gestank der Verzweiflung, der von den Verwundeten dort ausging. Die wurden in den letzten Tagen immer zahlreicher, ein Zeichen dafür, dass die Kämpfe in der Gegend zunahmen.

Am nächsten Tag kletterte er mit einem mulmigen Gefühl im Bauch in einen alten sowjetischen Militärlastwagen. Aber als der Laster losfuhr und die gesamte Besatzung kräftig durchschüttelte, verschwand dieses Gefühl. Er hatte so etwas schon oft gespürt, aber bisher war immer alles gut gegangen.

Er sah, wie das Militärlager langsam kleiner wurde und sich in der Staubwolke verlor, die von den großen Reifen des Lastwagens aufgewirbelt wurde, in dem er mit 15 anderen Soldaten saß.

„Allah, bist du wirklich barmherzig?", fragte er sich erneut, während er sich auf den Weinberg zubewegte, der sein Leben für immer verändern sollte. Eine Mine mit seinem Namen darauf wartete auf ihn, versteckt zwischen Gestrüpp und verborgen unter einem Zentimeter Erde.

Er hätte alles dafür gegeben, nicht auf diese Mine zu treten. Doch jeder, auch Nasiry, weiß, dass es Tragödien gibt, denen man nicht entgehen kann.

Im Mittelpunkt der besten Nachricht, die die Menschheit je erhalten hat, steht eine gigantische Tragödie, die ein Vorher und Nachher in der Weltgeschichte markiert.

Ein Mann. Ein König. Hängend an einem Kreuz.

Nasiry sollte erst Jahre später davon erfahren: Es war kein unglücklicher Zufall, dass er auf den Auslöser der Mine trat. Eher eine göttliche Fügung.

DU GIBST UND DU NIMMST

Herat, Afghanistan, Anfang der 1980er-Jahre

Es dauerte einige Sekunden, bis er erkannte, dass die Schreie von ihm kamen. Sein Brustkorb hob und senkte sich in unkontrollierten Krämpfen. Sein Kopf schlug hin und her und er schluckte Sandklumpen. Er knirschte mit den Zähnen, schnaufte und schrie schließlich wie wild. Sein Kamerad lag einige Meter von ihm entfernt. Leblos, mit dem Gesicht auf dem Boden.

Lange Zeit wagte es niemand, sich ihm zu nähern, bis der Feldwebel die Schockstarre durchbrach und ihm zu Hilfe eilte. Nasiry sah, wie das Gesicht seines Vorgesetzten plötzlich vor ihm auftauchte. Er sah auch, dass er mit ihm sprach, vielleicht rief er etwas, aber er hörte nichts.

Der Feldwebel beugte sich zu ihm hinunter und tastete an seinen Beinen herum: Sobald er ihn berührte, heulte Nasiry wie ein Tier auf und verlor das Bewusstsein.

Wenige Augenblicke später kam er wieder zu sich. Der Feldwebel verband sein linkes Bein vom Knie abwärts mit einem Militärkittel, alles war voller Blut. Er spürte, wie Hände ihn an den Schultern und am Becken packten: Sie hoben ihn auf eine Trage, und als sein Körper in sich zusammensackte, durchfuhr eine Flut unvorstellbarer Schmerzen seinen ganzen Körper. Erneut verlor er das Bewusstsein.

Kurz darauf kam er wieder zu sich: Er erkannte das Dach des Lastwagens und um ihn herum die Gesichter einiger seiner Kameraden, schwitzend und verstört. An seiner Seite lag der leblose Körper seines Kameraden. Er versuchte, sich zu bewegen, aber er spürte, dass seine Arme, sein Brustkorb und sein Becken an der

Trage mit Gurten fixiert waren. „Er lebt!“, rief jemand und zeigte auf seinen Kameraden, doch Nasiry fiel erneut in Ohnmacht.

Durch seine eigenen Schreie wachte er wieder auf. Die Straße, auf der sie fuhren, war in einem katastrophalen Zustand, so wie ganz Afghanistan. Jedes Schlagloch und jede Unebenheit ließen neue Schmerzen wie Blitze durch seine Hüfte und Beine zucken.

Als sie im Lager ankamen, in dem er seine Offiziersausbildung absolviert hatte, erwartete sie eine Katastrophe: Ein mit den Mudschahedin verbündeter Clan, der sich schon in den Wochen zuvor kleinere Gefechte mit den Patrouillen geliefert hatte, nahm das Lager mit Mörsern unter Beschuss.

Nasiry erinnerte sich nicht mehr wie, aber er fand sich im Krankenhauszelt wieder. Dasselbe Zelt, von dem er wenige Tage zuvor so schnell wegkommen wollte. Er hatte panische Angst. Die Explosionen klangen ganz nah. Dieser Ort hatte definitiv schon bessere Zeiten erlebt. Im gesamten Lager gab es keinen Strom, der Angriff dauerte also offensichtlich schon seit Stunden an. Nur einige wenige Geräte und Lichter funktionierten dank eines kleinen, lauten, dieselbetriebenen Notstromaggregats.

Das Krankenhaus war ziemlich dunkel und wurde nur von schwankenden Neonröhren beleuchtet, die an den Zeltstangen hingen. Auf manchen Feldbetten lagen Menschen. Einige von ihnen bekamen Infusionen, die an Krücken festgebunden oder notdürftig an der Decke befestigt waren.

Weiße Schränke mit durchsichtigen Kunststofftüren trennten die Krankenstation vom Behandlungsraum und dem Operationssaal. An einer Metallwand stand eine mit Zetteln bestückte Tafel, in deren Mitte das Symbol des Roten Halbmonds prangte. Ausnahmslos alle schrien: die Krankenschwestern, die Ärzte, die vorbeikommenden Soldaten und die Verwundeten.

Nasiry befand sich offensichtlich im Operationssaal. Er sah das an den eingeschalteten Maschinen und an der großen Lampe über ihm. Damit war der OP-Saal der hellste Ort im ganzen Lager. Es war schmutzig und ein stechender Geruch von Desinfektionsmittel, Schweiß, Staub und Blut lag in der Luft: der Gestank der Verzweiflung. Nasiry erschrak über seine eigenen Gedanken. Plötzlich überkam ihn eine unerwartete Ruhe. Alles schien gedämpft und weit weg. Sogar der Schmerz. „Sohn! Kannst du mich hören?" Ein Mann erschien in seinem Sichtfeld, er trug eine grüne Mütze, einen gleichfarbigen Mantel und darüber eine dicke, dunkelblaue Plastikschürze, die mit Blutspritzern übersät war. Es war der Arzt, aber Nasiry musste an einen seiner Nachbarn denken, der neben seiner Mutter gewohnt hatte: Aasim, den Metzger.

„Sohn, kannst du mich hören?", wiederholte er mehrmals laut. Nasiry nickte, zumindest dachte er das. „Deine Wunde ist schlimm. Du hast auf dem Feld und auch während des Transports eine Menge Blut verloren. Wenn ich nicht sofort etwas unternehme, verlieren wir dich. Verstehst du mich?", erklärte der Arzt und sprach dabei jedes Wort ganz deutlich aus.

BUMM! Eine Explosion in nächster Nähe ließ Sand und Steine auf das Zelt regnen. Nasiry sah, wie Staub durch einige Löcher in der Zeltplane drang. Der Arzt nahm sein Kinn und drehte seinen Kopf mit Gewalt zu sich, sodass er ihm in die Augen sehen konnte. „Mein Sohn, hast du verstanden? Deine Wunde ist schlimm. Dein linkes Bein ist weg!", rief er und zeigte auf seinen zerfetzten Unterkörper. Nasiry befreite sich aus dem Griff und schaffte es, den Kopf zu heben und zum ersten Mal seine Beine zu betrachten.

Sie hatten ihm die Hose abgeschnitten und der Anblick war entsetzlich. Der linke Fuß war aufgerissen, ein ganzes Stück davon fehlte offensichtlich und hing an einem Knochen, der ganz sauber hervorstand, ohne Hautreste oder Blut, das den Rest des Beines mit kleinen Klumpen verschmierte. Schien- und Wadenbein waren an verschiedenen Stellen zersplittert. Der Muskel des Unterschenkels war praktisch nicht mehr vorhanden. Vom Knie hingen ein paar Hautfetzen. Seine Zehen konnte er nicht erkennen. Das rechte Bein war auf wundersame Weise komplett unverletzt geblieben.

Es sah aus wie das Vorher und Nachher eines makabren Kunstwerkes. „Wo sind meine Zehen?", stammelte er.

„Ich werde dir einige Injektionen geben und dann eine Amputation vornehmen. Hast du das verstanden? Wir können dein Bein nicht retten. Dein linkes Bein ist weg! Du hast zu viel Blut verloren, ich muss jetzt operieren und die Wunde so gut wie möglich veröden. Verstehst du?", fuhr der Arzt fort, während zwei Krankenschwestern seinen Kopf gegen das Bett drückten und seine Stirn festhielten. Nasiry murmelte ein leises „Ja". Er war nicht ruhig, er war erschöpft. Der Blutverlust ließ ihm keine Kraft zu protestieren. Er spürte, wie eine Nadel in seinen Arm eindrang. Dann legte der Arzt sich einige Instrumente zurecht, während er den Krankenschwestern, die um ihn herumschwirrten, Befehle zurief, ohne Nasiry anzuschauen. Der Arzt war hoch konzentriert, trotz des Chaos, das draußen tobte: ein ohrenbetäubender Lärm aus Maschinengewehrfeuer und Geschrei.

Er sah sie nur für ein paar Sekundenbruchteile vor sich aufblitzen, als die Krankenschwester sie dem Arzt über die Trage reichte. Und erst in diesem Moment begann Nasiry zu schreien. Schreie, die für mehrere Minuten nicht aufhören sollten. Eine Säge. Zumindest war das das einzige Wort, das Nasiry dazu in den Sinn kam. Eine Säge, die aussah, als würde man damit normalerweise Metall zerschneiden.

Er hörte die Anweisungen des Arztes nicht. Er sah nicht, wie er den richtigen Winkel für den Schnitt suchte. Nasiry starrte an die Decke und im Augenwinkel sah er die Arme des Arztes, die das Werkzeug hielten. Er schrie. Er schrie wie noch nie zuvor in seinem Leben.

Es war kein sauberer Schnitt. Es brauchte mehrere Versuche. Noch Jahre später hatte Nasiry Albträume von der Operation. Und die Schmerzen konnte er noch fast genauso spüren wie damals.

Immer wieder fiel er in Ohnmacht und kam wieder zu sich, zumindest kam es ihm im Nachhinein so vor. Kurze Erinnerungsfetzen an eine Fahrt im Krankenwagen, dann ein Militärflughafen. Er weiß nicht, wie lange sie gewartet haben. Er war nicht bei Sinnen: Er lag im Sterben.

Dann landete ein zweimotoriges Flugzeug und wartete mit laufenden Turbinen. Er wurde zusammen mit anderen Verletzten in den kleinen Frachtraum verladen und mit dicken Gurten gesichert. Einige der Verwundeten konnten sitzen und hielten ihre eigenen Infusionsflaschen. Ein paar waren bewusstlos und lagen, wie er, auf Feldbetten. Er schnappte einige Gesprächsfetzen auf. Scheinbar war der Angriff zu Ende. Das Lager war sicher.

Als er die Augen wieder öffnete, blendete ihn das helle Licht. Sein Kopf brummte: Sein Gehör war nach der Explosion immer noch nicht wieder in Ordnung. Ein Arzt in einem weißen Kittel sprach mit ihm. Alles war hier sauberer. Ein kräftiger Krankenpfleger stand rechts von ihm und legte ihm einen Zugang in den Handrücken. „Wir müssen sofort operieren. Wir werden Transfusionen geben …“ Den Rest hörte Nasiry nicht mehr. Alles um ihn herum wurde zu schwarzen und weißen Punkten. Dann kam die Dunkelheit.

Etwa einen Monat lang blieb er in dem Krankenhaus in Kabul. Albträume weckten ihn oft mitten in der Nacht. Die schreckliche Erinnerung verfolgte ihn ebenso wie das Gefühl, dass er sein linkes Bein noch hatte. Aber es fehlte vom Knie abwärts. An seiner Stelle war nur noch ein Stumpf, eingewickelt in einen dicken Verband, der sich einige Stunden nach der Reinigung der Wunde rot verfärbte.

Er wollte nicht aus dem Bett aufstehen. Nie wieder. Ein Krankenpfleger, derselbe stämmige junge Mann, den er bei seiner Ankunft gesehen hatte, zwang ihn, das Bett zu verlassen. Er hob ihn an, steckte ihm Krücken unter die Achseln und schob ihn Richtung Badezimmer. Er hatte die Familie gewechselt, das Haus, die Stadt, alles. Aber immer noch war er ein Gepäckstück, das von anderen hin und her geschleppt wurde. Jetzt sogar auf die Toilette!

Nach einem Monat verlegte man ihn in ein Rehabilitationszentrum in einer anderen Stadt, das auf diese Art von Behinderungen spezialisiert war: Jedes Jahr gab es Tausende von Kriegsverletzten und Minenopfern. Und so sollte es noch über zehn Jahre weitergehen. Afghanistan brachte eine ganze Generation von Amputierten hervor und Nasiry war einer von ihnen.

Wut, Hilflosigkeit und Todeswünsche drängten sich in seinem Kopf. Es wurde auch nicht besser, als sie ihm schließlich seine erste Prothese gaben: eine Katastrophe! Sie verursachte starke Schmerzen im Bein, sodass er auffallend hinkte. Er sah aus wie eine traurige Marionette. Eine finstere Depression hüllte ihn ein wie ein schwerer Mantel. Getränkt von Hass auf das Leben und auf sich selbst.

„Allah, bist du wirklich barmherzig?" Nein, das war er nicht, entschied Nasiry.

Ein für alle Mal.

BOTSCHAFTER EINES UNBEKANNTEN GOTTES

1990er-Jahre, Kabul, Afghanistan

Jetzt war er selbst der „Pirat". Die Erinnerung an seinen Hund war schön, fühlte sich aber auch an wie aus einem anderen Leben. Hund war nicht gestorben, er war eines Tages einfach verschwunden. Für diese Art von Schäferhunden war das nicht ungewöhnlich: Wenn der Tod an ihre Tür klopfte, suchten sie die Einsamkeit. Der Pirat mit dem blinden Auge und dem schiefen Grinsen, das ihn gleichzeitig lustig und aggressiv aussehen ließ. Für Nasiry war es eine süße Erinnerung an bessere Zeiten.

Aber jetzt war er der Pirat mit dem Holzbein. Genauer gesagt: der Pirat mit dem Bein aus Holz und Plastik. Die zweite Prothese, die er vom Rehabilitationszentrum erhielt, war viel besser. Eine ausländische Hilfsorganisation hatte sie ihm zur Verfügung gestellt. Das wusste er, weil im Innenfutter Worte in einer Sprache standen, die er nicht kannte. Deutsch, wie er später herausfand. Als er nach weiteren fünf Monaten Krankenhausaufenthalt aus dem Zentrum entlassen wurde, kehrte er zu seiner Mutter nach Kabul zurück. Sie war froh, ihren Sohn wohlbehalten wiederzuhaben. Oder zumindest „lebendig", denn gesund war er nicht. Und es ging nicht nur um das Bein: Er war ein gedemütigter, deprimierter junger Mann, der sich wegen seiner Behinderung und seiner Gebrochenheit schämte.

Zu dieser Zeit und unter diesen Bedingungen einen Job zu finden war aussichtslos. Von seiner Mutter ermutigt, kehrte Nasiry deshalb in die Schule zurück und beendete seine Ausbildung. Die Bücher brachten das Lächeln zurück auf sein Gesicht. Es war gar nicht so schlecht! Er lernte sogar mit Computern umzugehen, was ihm später noch nützlich werden sollte. So vergingen einige Jahre, in denen er immer wieder mit Apathie und Realitätsflucht zu kämpfen hatte.

Als die Mine explodierte, hatte sie nicht nur ein Stück von seinem Körper weggerissen, sondern auch die Konventionen und Werte der Gesellschaft, in der er aufgewachsen war. Der Damm, der seine Zweifel und sein Misstrauen gegenüber diesem Weltbild bisher zurückgehalten hatte, bekam immer größere Risse. Der Damm, der ihn bisher davor bewahrt hatte, seine Welt grundsätzlich und radikal infrage zu stellen. Und diese Risse waren tief: Nasiry hatte nicht nur aufgehört, an den Gott zu glauben, der von Mullahs, Verwandten und Nachbarn verehrt wurde. Er hielt auch den Koran für eine falsche Darstellung des Schöpfergottes. Seiner Meinung nach waren die Säulen des vorherrschenden Glaubens reine Illusion.

Der Damm war gebrochen. Die Welle aus Schlamm und Geröll, die aus ihm herausgeschwappt war, hatte alle Hoffnung zunichtegemacht. Zumindest fürs Erste.

In Wirklichkeit war es eine Katharsis – eine Art Reinigung seiner Seele. Rein gewaschen, nackt und frei von allem, was der Damm bisher zurückgehalten hatte, sollte es zur wichtigsten und zugleich furchteinflößendsten Begegnung seines Lebens kommen. Dort, in einem weiteren toten Winkel seines Verstandes, würde er auf jemanden treffen, der ihn in eine nie gekannte Freiheit katapultieren würde.

Eine Freiheit mitten im perfekten Plan eines unbekannten Gottes: dem freisten und gleichzeitig gefährlichsten Ort der Welt.

Doch bevor es dazu kam, gab es eine Hochzeit zu feiern. Seine eigene.

Eine arrangierte Ehe.

Natürlich wurde auch seine Ehe arrangiert, so wie es Sitte und

Religion verlangten. Ein Sinnbild dafür, dass ein Mensch Zeit braucht, um tiefgreifende innere Veränderungen zu verarbeiten. Und Nasiry war da keine Ausnahme.

Sein innerer Damm lag in Trümmern, aber er wusste nicht, wie er sonst leben sollte: Er hatte keine Alternative. Für Liebe und Romantik war ohnehin nicht viel Platz in diesem Ödland, das der Bürgerkrieg hinterlassen hatte. Afghanistan war unter der strengen Hand der Taliban zu einer Islamischen Republik geworden. Ein noch radikalerer Islam verbreitete sich und nistete sich in vielen Köpfen ein. Kabul selbst wurde von der Rhetorik der Taliban durchtränkt: Nicht nur das gesellschaftliche Narrativ, sogar die gesamte Grammatik änderte sich. Die Sprache sollte diese neue Ära im Leben der Menschen zementieren, basierend auf radikalen Prinzipien. Dabei war jeder Satz geradezu durchtränkt von Gewalt und Terror, sowohl bei den Intellektuellen als auch bei den Menschen auf der Straße. Der Präsident der gestürzten Demokratischen Republik Afghanistan, Mohammad Najibullah, war seit einiger Zeit in einem UN-Gebäude in Kabul eingesperrt und blieb dort, als die Taliban bis an die Zähne bewaffnet in die Hauptstadt eindrangen. Er war überzeugt, dass sie die internationale Autorität der Vereinten Nationen niemals infrage stellen würden.

Am 27. September 1996 stürmten sie im Schutz der Dunkelheit das UN-Gebäude, luden ihn auf einen Lastwagen und fuhren ihn zum Präsidentenpalast, der unter ihrer Kontrolle stand. Hier wurde er brutal gefoltert, kastriert und an einem Seil hinter einem Lkw über die Straße gezogen. Schließlich richteten sie ihn mit einem Kopfschuss hin. Der Name von Mullah Mohammed Omar, der ihn mit seinem Aufruf zum Dschihad zum Tode verurteilt hatte, war in Nachrichtensendungen auf der ganzen Welt zu hören. Ungefähr zu diesem Zeitpunkt lernten wir alle das Wort

„Taliban" kennen. Und obwohl die Folterungen nach Ansicht einiger muslimischer Gelehrter sogar gegen die Scharia verstießen, begann sich der radikale Islam nicht nur in Afghanistan, sondern in der ganzen Welt auszubreiten.

In Kabul war definitiv kein Platz mehr für ein normales Leben.

„Ist dir Kamila aufgefallen?", fragte ihn seine Mutter eines Tages. Nein, sie war ihm nicht aufgefallen. Seine Mutter setzte sich zu ihm und erzählte ihm von dieser Nachbarin im selben Wohnblock, in dem sie wohnten. Ein gutes Mädchen, höflich, aufmerksam und immer wohlriechend. Die Familie bestand aus lauter ordentlichen Leuten. „Es wird Zeit, Nasiry", wiederholte sie immer wieder und hielt seinen Kopf in ihren schwieligen Händen, bis sie ihm ein Ja entlockte: „In Ordnung, Mutter."

Die Familien einigten sich gemäß den islamischen Sitten und Gebräuchen. Es musste ein Vertrag aufgesetzt werden. Zunächst durfte Nasiry sie mehrere Male sehen, immer in Begleitung eines männlichen Familienmitglieds. Die ersten Begegnungen waren verkrampft. Nach einigen Treffen konnten sie sich besser unterhalten, aber oft ergriff Kamila die Initiative. „Wenn du meinen Vater um meine Hand bitten würdest, wäre ich glücklich", sagte sie ihm eines Tages, ohne ihm in die Augen zu sehen. Und genau das tat Nasiry.

Es wurde ein Fest organisiert. Nein, nicht in einem Hotel, dafür reichte das Geld nicht, sondern zu Hause. Das Essen kam von einem Restaurant in der Nachbarschaft. Verwandte, Nachbarn, seine Schwester und seine Familie machten die Party zu einem ausgelassenen Fest. Natürlich gab es keinen Alkohol, aber das Singen, Tanzen und Lachen war mindestens genauso berauschend. Es war einfach und wunderschön.

Nach einem Jahr kam ihr erster Sohn zur Welt: Sie nannten ihn Rayan, nach einer der Himmelspforten in der islamischen Tradition. Nasiry hatte endlich eine eigene Frau und eine eigene Familie. Ein wichtiger Schritt.

Aber das war nicht die Begegnung, die seinem Leben eine unerwartete Wendung gab. Es war die Begegnung mit ein paar Ausländern. Und eine Explosion. Jawohl: noch mehr Bomben. Noch mehr Explosionen.

Seit er nach dem Unfall in das Haus seiner Mutter zurückgekehrt war, traf sich Nasiry regelmäßig mit den Physiotherapeuten eines Rehabilitationszentrums in einem geschäftigen Stadtteil von Kabul. Zusammen arbeiteten sie an seiner Beinmuskulatur und übten den Umgang mit den Prothesen. Anfangs war er skeptisch, ob diese Sitzungen überhaupt etwas bringen würden, doch dann änderte sich langsam seine Stimmung.

Das Zentrum wurde von einer ausländischen Hilfsorganisation (NGO) betrieben (ein Großteil der Gesundheitsversorgung war von solchen Organisationen abhängig). Menschen aus verschiedenen Teilen der Welt arbeiteten dort. Die Sauberkeit, Professionalität und Sorgfalt, mit der diese Leute ihren Aufgaben nachgingen, überraschte Nasiry.

„Lass dich von diesen Ungläubigen nicht anfassen", raunte ihm eine Gruppe junger Männer warnend zu, als er an ihnen vorbei Richtung NGO-Gebäude ging. Diese Gruppen waren fester Bestandteil des Stadtbildes, genau wie Straßenschilder und Ampeln. Sie waren Anhänger der Taliban. Man erkannte sie an den langen Bärten, den typischen Gewändern und den spitzen Zungen, mit denen sie Passanten provozierten und nach Ärger suchten. Sie waren die unmittelbare Personifizierung dieser Zeit: keine Ahnung vom Koran, keine Berufsperspektiven, aus niedrigen sozialen Schichten und voller Ignoranz. Ein perfektes Beispiel für radikales Fußvolk.

Er ignorierte sie jedes Mal und kassierte dafür alle möglichen

Sprüche. Ihr liebster war: „Die Usbeken nach Usbekistan. Die Turkmenen nach Turkmenistan. Die Hazara ins Grab!", wiederholten sie drohend und brachen dann in schallendes Gelächter aus. Unter den Taliban hatte sich die Lage der Hazara alles andere als verbessert.

Aber das Rehabilitationszentrum war wie ein Magnet für ihn: Er kam jedes Mal erfrischt und zufrieden von seinen Besuchen zurück. Bald ging er praktisch jeden Tag dorthin, auch wenn er keinen Therapietermin hatte. Inspiriert durch die hilfsbereite Atmosphäre in den Büros und Krankenstationen, begann er, den Patienten zu helfen, so gut er konnte. Zum Beispiel begrüßte er sie mit einem breiten Lächeln und erklärte ihnen, welche Formulare sie ausfüllen mussten. Während ihrer Wartezeit brachte er ihnen Dinge bei, die er selbst während seiner Rehabilitation gelernt hatte. Mal gab er Ratschläge, mal bot er ihnen eine Schulter zum Ausweinen an: Die Patienten waren schließlich oft junge Minenopfer wie er selbst, die Trost brauchten.

Bald war er im gesamten Zentrum bekannt: der Hazara-Afghane mit den freundlichen Augen, der den Patienten zur Seite stand, ohne dass ihn jemand darum gebeten hätte. Manchmal sah man ihn zusammen mit den Putzleuten Stühle und Tische abwischen. Die Wachen am Eingang ließen ihn ungehindert passieren, für sie war er ein ganz normaler Patient. Es dauerte eine Weile, bis ihn einer der Manager ansprach. „Nasiry, warum bist du hier? Ich beobachte dich schon eine ganze Weile. Warum tust du das?", fragte ihn ein glatzköpfiger Mann mit klaren Augen, der in einen sauberen weißen Kittel gehüllt war.

„Ich liebe mein Volk. Ich liebe diesen Ort", antwortete er eingeschüchtert. Er hatte Angst, dass sie ihn hinauswerfen würden und er nie wieder zurückkommen dürfte.

„Eine gute Antwort, Nasiry. Komm mit", sagte er zu ihm und

führte ihn, ohne eine Antwort abzuwarten, einen Korridor entlang. Nasiry kannte diesen Korridor sehr gut, er führte zum Büro des Chefs.

Er saß im Büro des Leiters der Physiotherapie, von tausend Ängsten aufgewühlt; sein Herz klopfte bis zum Hals. „Ich habe gehört, dass du sowohl Dari als auch Paschtunisch sprichst, Nasiry. Und du sprichst gut Englisch. Wo hast du diese Sprachen gelernt?"

„Dari in meiner Familie und Paschtunisch in der Schule. Englisch auch in der Schule. Und ein bisschen hier und da", antwortete er zögernd.

„Ich habe gesehen, dass du Dokumente lesen kannst. Ich habe gehört, wie du sie einigen Patienten erklärt hast."

„Ja, ich lese gerne", sagte er und lächelte vorsichtig. „Und ich kann schreiben. Ich weiß auch, wie man mit einem Computer umgeht: Ich habe einen Kurs belegt. Ich kann auch Schafe hüten!", fügte er hinzu und biss sich auf die Zunge. Den letzten Satz hätte er sich sparen sollen.

„Komm her, zeig es mir", sagte der Mann und drehte Monitor und Tastatur seines Computers zu ihm. „Öffne das Dokument dort und schreibe die ersten Sätze ab." Nasiry gehorchte und begann, immer noch stehend, mit allen Fingern zu tippen. Er beeilte sich ziemlich dabei, obwohl er sichtbar zitterte.

Der Arzt unterbrach ihn nach ein paar Minuten und schaute sich an, was er zustande gebracht hatte.

„Einen Job hast du wohl nicht, oder? Wie wäre es, wenn du bei uns etwas Geld verdienst? Du wirst nach Tagen bezahlt, aber nicht sonderlich gut, wie wir alle. Immer sonntags werden die Einsatzzeiten für die kommende Woche …"

Er hatte den Satz noch nicht ganz beendet, da rief Nasiry schon laut „Ja!" und der Arzt zuckte zusammen.

Er entschuldigte sich sofort fünfmal, bis der Arzt lachte. „Abgemacht, Nasiry! Fangen wir sofort an!"

Zunächst sollte er an der Rezeption aushelfen und zusammen mit den anderen Mitarbeitern die Patienten willkommen heißen und zum Behandlungsraum führen. Nasirys Vorteil als Einheimischer war unmittelbar zu spüren. In seiner Gegenwart entspannten sich die Menschen, fühlten sich wohler: Es gab weniger kulturelle Barrieren und die Atmosphäre verbesserte sich. Und damit auch Nasirys Leben. Als man ihm nach einem Monat eine Uniform gab, feierte er zu Hause eine Party. „Du siehst aus wie ein Arzt", sagte Kamila stolz zu ihm.

Ihre Ehe war stabil, mehr nicht. Manchmal wurde Kamila von Nasiry geschlagen, aber nicht so oft wie die Frauen in der Nachbarschaft. Auch an Beleidigungen, respektlosen Kommentaren und sexuellen Übergriffen mangelte es nicht. Das war nun einmal der Standard. Kamila schätzte sich glücklich: Sie war eine junge, ungebildete, muslimische Afghanin. Geboren, um einem Mann zu dienen, wie die meisten Frauen, die sie kannte.

In der Nachbarschaft nannte man ihn sogar „Doktor". Seine Aufgaben im Rehabilitationszentrum wurden immer umfangreicher. Er musste mithilfe der entsprechenden Software Formulare ausfüllen, vertrat Ärzte bei einfacheren Aufgaben wie dem An- und Ablegen von Prothesen oder bei Gehübungen mit den Patienten und begleitete sie auch bei Hausbesuchen. Als eine Gruppe neuer Physiotherapeuten aus Europa für einen sechsmonatigen Freiwilligendienst eintraf, wurde er als Vollzeitkraft eingestellt und erhielt eine interne Ausbildung in den Grundlagen der Physiotherapie. Er war im Himmel. Und er lernte eifrig.

Dann flogen auf der anderen Seite der Welt zwei Flugzeuge in zwei Türme.

Es war der 11. September 2001 und Afghanistan wurde zum Mittelpunkt der Welt.

Vier Flugzeuge wurden entführt, eine Geschichte, die wir nur allzu gut kennen. Aber die Geschichte auf der anderen Seite dieser Katastrophe ist vermutlich für viele neu. Innerhalb weniger Wochen begann mit der „Operation Enduring Freedom" der „Krieg gegen den Terrorismus". Er wurde gegen Afghanistan geführt, genauer gesagt: gegen die dort herrschenden Taliban. Aber auf dieser Seite des Krieges machte das keinen Unterschied, zumindest nicht für das afghanische Volk. Nach über zwei Jahrzehnten ohne Frieden warf nun ein neuer Akteur Bomben auf dieses geschundene Land: zuerst die USA, dann Großbritannien und eine Reihe anderer Verbündeter. Die Zahl der Krater, Trümmer, Toten und Verstümmelten stieg jeden Tag weiter. Und das Leben wurde noch schwieriger. Nasiry hatte im Rehabilitationszentrum jetzt noch mehr Arbeit, aber es wurde gleichzeitig auch gefährlicher. Manchmal musste er im Behandlungszimmer übernachten, weil es zu heikel war, noch nach Hause zu gehen.

Am Morgen des Treffens, das zum Wendepunkt seines Lebens werden sollte, wachte er in seinem eigenen Bett auf. Es dämmerte bereits und er war von einer gewaltigen Explosion geweckt worden, die auch sein Haus erschüttert hatte. Er wusste, dass sie nicht direkt getroffen worden waren: Er kannte die Auswirkungen einer direkten Explosion auf ein Gebäude sehr gut. Also sprang er auf und eilte zum Fenster, die verängstigte Kamila direkt hinter ihm. Etwa 300 Meter von ihrem Haus entfernt war in der gleichen Straße eine Rauchsäule zu sehen. Kamila beruhigte die Kinder: Sie hatten mittlerweile einen weiteren kleinen Jungen bekommen.

Es gab nichts, was sie tun konnten. Zumindest sagte er das Kamila. Nach etwa fünfzehn Minuten klopfte jemand lautstark an ihre Tür. Soldaten. „Los, komm runter und hilf. Lass die Frau und die Kinder hier, komm sofort raus!", befahl ihm der Soldat. Er zögerte einen Moment. „Sofort!!!", brüllte der Soldat und fuchtelte mit dem Gewehr vor ihm herum.

Es war kein Geheimnis, wie diese Taliban-Anschläge funktionierten, denn genau das war es: ein Anschlag. Und die Taliban waren dafür verantwortlich. Sie hatten in den vergangenen Jahren international um Finanzmittel und Terroristen verschiedener Nationalitäten geworben mit einem außergewöhnlichen Sponsor an ihrer Spitze: dem saudischen Scheich Osama Bin Laden.

Normalerweise lief das so: Mörsergranaten oder Raketen schlugen in ein Gebäude ein; es folgten Minuten des Wartens, bis Krankenwagen und vor allem Soldaten eintrafen; und dann wurde die zweite tödliche Welle von Kugeln und Raketen abgefeuert. Die Zahl der Opfer war gewaltig. Jeder wusste das: Das war einer der Gründe, warum niemand zu Hilfe eilte und warum die Soldaten Zivilisten aus den betroffenen Gebieten zwangen, diese Aufgabe zu übernehmen.

Könnte es noch schlimmer werden?

Nasiry dachte darüber nach, als er die Straße entlangging, vorbei an einer Reihe von Nachbarn, die von Soldaten zusammengepfercht worden waren. Als er den Ort der Explosion erreichte, sah er ein in sich zusammengestürztes zweistöckiges Haus und davor einen Mann, der bitterlich weinte. Sein Gesicht war mit Staub bedeckt. Er schrie um Hilfe und wühlte mit seinen bloßen Händen im Schutt. Nach einem kurzen Moment erkannte Nasiry ihn wieder. Er war ein Angestellter der Reinigungsfirma, die im Rehabilitationszentrum putzte. Er hatte schon mehrmals mit ihm zu Mittag gegessen. Unter den Trümmern lag seine gesamte Familie: Mutter, Vater, zwei Frauen und fünf Kinder. Er stand draußen in der Schlange, um Brot zu kaufen, als die Rakete in sein Haus einschlug.

Nasiry sprach nicht mit ihm, sondern sah sich ständig um. Er wühlte wahllos in den Trümmern und erschrak bei jedem ungewöhnlichen Geräusch.

Es dauerte nicht lange. Zuerst hörte man eine Reihe von Zischlauten, dann Detonationen: Scharfschützen feuerten auf die Retter. Nasiry hüpfte auf seinem guten Bein zu einem Auto, hinter dem er in Deckung ging. Dreißig Meter von ihnen entfernt, mitten auf einem Parkplatz, schlug eine Mörsergranate ein, die ihr eigentliches Ziel nur knapp verfehlte.

Die Soldaten kamen aus den Ecken, in denen sie bis dahin Schutz gesucht hatten, und eröffneten das Feuer. Es waren mindestens zwanzig Soldaten, die in Richtung eines Gebäudes auf der anderen Seite des Parkplatzes schossen, wo vermutlich die Scharfschützen positioniert waren. Vom Dach aus wurden einige Granaten abgefeuert.

Nasiry hob den Kopf und sah durch das Fenster des Wagens, hinter dem er sich versteckte, ein Auto, das abrupt neben dem Jeep der Regierungstruppen zum Stehen kam. Daraus stiegen zwei blonde Westeuropäer. Sie sahen aus wie ein Ehepaar.

Was er von seinem behelfsmäßigen Aussichtspunkt aus sah, machte ihn sprachlos. Die beiden trugen weiße Westen mit einem großen roten Kreuz auf der Brust und hielten große Schilde vor sich. So eilten sie wie selbstverständlich und als ob es das Natürlichste der Welt wäre, mit einem Koffer und Werkzeug auf die Trümmer des Hauses zu, um den Mann zu retten, der immer noch wie in Trance an der gleichen Stelle grub.

Der Mann hörte ein leises Stöhnen und rief: „Mein Sohn ist hier! Mein Sohn ist hier!“ Dort angekommen, begannen die beiden Westler vorsichtig Trümmer zur Seite zu räumen. Sie ignorierten das Feuergefecht um sie herum. Sie waren leichte Ziele.

Nasiry war wie hypnotisiert von dieser Szene und ein Gedanke begann in seinem Kopf lauter zu werden: Uns haben sie gezwungen hierherzukommen und unsere afghanischen Brüder sind dort unten begraben. Aber sie, diese Ungläubigen, wer zwingt sie dazu? Wer zwingt sie, ihr Leben zu riskieren, um unsere zu retten?

Bei dem Angriff starben acht Menschen.

Die Familie des Mannes war ausgelöscht. Bis auf seinen jüngsten Sohn. Es waren die ausländischen Retter, die ihn aus den Trümmern zogen. Nach mindestens zehn Minuten Arbeit und einem Dutzend Kugeln, die nur wenige Zentimeter von ihnen entfernt einschlugen, konnten sie die Beine des Kindes berühren: Er war fünf Jahre alt und stand unter Schock. Sein Kopf steckte zwischen einigen Stahlstreben fest. Der Vater wollte ihn gerade an den Beinen herausziehen, aber ein Helfer rief etwas auf Paschtunisch und der Vater hörte auf. Die Frau rannte zum Auto und kam mit einem Wagenheber zurück. Der Plan funktionierte und in wenigen Augenblicken war das Kind frei. Sein Gesicht war voller Blut, aber er lebte. Sie luden ihn in das Auto und fuhren mit ihm und seinem Vater davon. Ständig in Gefahr, erneut beschossen zu werden.

Nasiry trat vorsichtig den Rückzug an, von Deckung zu Deckung eilend, weil die Straße nicht viel Schutz bot. Doch dann konnte er seinen Augen nicht trauen. Das Auto der Helfer kam zurück! Sie hatten den Vater mit seinem Sohn in einer nahe gelegenen Klinik gelassen. Und jetzt stürzten sie sich wieder in die Trümmer, um nach weiteren Überlebenden zu suchen.

Ganz allein! Und alles,während um sie herum immer noch das Gefecht tobte.

Unreine. Götzendiener. Trunkenbolde. Verdammte. Dreckige Heiden. Feiglinge. Dies waren nur einige der weniger schlimmen Schimpfwörter, die man ihnen für Westler und insbesondere für Christen beigebracht hatte. Für viele Afghanen waren Westler und Christen das Gleiche.

Aber dieses Paar brachte ihn dazu, diese Vorurteile infrage zu stellen.

Seit Beginn seines Jobs im Rehabilitationszentrum waren seine Zweifel an den Lehren, die er in Bezug auf andere Religionen, vor allem gegenüber Christen erhalten hatte, stark gewachsen: Er hatte ausländische Ärzte und Physiotherapeuten kennengelernt, hatte sie aber nie nach ihrer Religion gefragt (was auch nicht klug gewesen wäre). Aber er wusste, dass zumindest einige von ihnen Christen waren. Er hatte gesehen, wie sie beteten. Darauf bezogen sich die jungen Taliban, die ihn gewarnt hatten, sie nicht zu berühren: Sie waren unrein. Ein guter Muslim sollte sich nicht mit diesem „heidnischen Abschaum" abgeben. Die Christen waren Narren, die an drei Götter glaubten.

Aber was er gesehen hatte, verwunderte ihn. Als er nach Hause kam, erzählte er Kamila alles. Sie interessierte sich jedoch mehr für die Familie des Nachbarn als für den Rest seiner Geschichte. Tagelang war das der Grund für viele Streitereien zwischen ihnen. Vielleicht lag es aber auch daran, dass sie mehrere Tage lang nicht ins Stadtzentrum konnten, weil der Angriff nur der Auftakt für eine ganze Reihe von Scharmützeln und Angriffen gewesen war.

Eines Abends nach dem Abendessen, während er sich mit ihr unterhielt, brach ein Satz aus ihm heraus. Ein loser, ungefilterter Gedanke, wie ein Ballon, der in die Luft entlassen wurde. Oder besser gesagt, ein Drache, dessen Schnur zerschnitten worden war. Als er ihn laut aussprach, wurde ihm auf wundersame Weise bewusst, dass die Begegnung mit den beiden Westlern sein Leben für immer verändern würde.

Was war das für ein Gedanke?

Die beiden waren Botschafter eines unbekannten Gottes.

VOM SOHN EINER DIENERIN ZUM KIND EINES KÖNIGS

2000er-Jahre, Kabul, Afghanistan

„Sie möchten gern, ihr würdet ungläubig, wie sie ungläubig sind, sodass ihr ihnen gleich würdet. So nehmt euch niemanden von ihnen zum Freund, bis sie auf dem Weg Gottes auswandern. Wenn sie sich abkehren, dann greift sie und tötet sie, wo immer ihr sie findet, und nehmt euch niemanden von ihnen zum Freund oder Helfer."[2]

Nasiry kannte diese Passage aus dem Koran sehr gut. Tausende Male hatte er sie auf Arabisch wiederholt und auf Paschtunisch und auf Dari diskutiert. Er hatte sie von Mullahs gehört, von Verwandten und Nachbarn, während sie Tee tranken, Geschäfte besprachen, über den Krieg gegen die Russen schimpften oder über die westlichen Heiden, die ungläubigen Kafirs, also die Christen, spotteten.

Ridda ... Abtrünnigkeit, Abkehr vom Islam, Entfremdung vom Glauben der Väter, Schande für die Familie und die gesamte Gemeinschaft, die mit dem Tod bestraft wurde. In seinem Land kam dieser Tod per Galgen. Er hatte noch nie gesehen, wie jemand gehängt wurde, aber seine Schwester schon. Sie wollte nie darüber sprechen. Nasiry kannte die Schmach, die die Abkehr eines Muslims wie ihm vom Islam mit sich brachte: Sein ganzes Leben lang war ihm die Schwere dieses Vergehens eingetrichtert worden: durch Belehrungen, Gesten, Blicke und Strafen. Konnte

2 Koran, Sure 4:89

man jemandem etwas Schlimmeres wünschen? Nein, er glaubte, das war das Schlimmste, was einem in Afghanistan passieren konnte. Schlimmer als der Krieg, die Perspektivlosigkeit, die Verzweiflung, schlimmer als eine Landmine. Ja, es war schlimmer, als ein Bein zu verlieren.

Murtad! So beschimpften sich die Kinder gegenseitig, natürlich nur, wenn die Erwachsenen außer Hörweite waren, sonst gab es Ärger. Murtad, das waren die Ex-Muslime, die Verräter, die Abtrünnigen der schlimmsten Sorte. Auf ewig verflucht hingen sie am Galgen, während das ganze Dorf sie bespuckte und verhöhnte. Noch einmal: Gab es etwas Schlimmeres, das man jemandem wünschen konnte?

Diese Erinnerung war in jede Muskelfaser, jede Zelle seines Körpers eingraviert: Man wendete sich niemals vom Islam ab! Das war elementarer Bestandteil der genetischen Erbmasse eines jeden Afghanen. Deshalb wehrte er sich mit aller Macht gegen diesen Gedanken, der sich immer wieder in seinem Inneren bemerkbar machte. Er konnte sich einfach nicht eingestehen, dass er das Buch wollte …

„Du liebst Bücher", flüsterten ihm Stimmen in seinem Kopf zu. „Du bist durchaus in der Lage, dich nicht beeinflussen zu lassen. Du bist reif. Du hast studiert", provozierten sie ihn immer wieder. „Außerdem, gib es zu: Wie lange ist es her, dass du zu Allah gebetet hast? Jeder weiß, dass deine Besuche in der Moschee eine einzige Farce sind!" Diese letzten Gedanken erschreckten ihn am meisten. Er wurde unfassbar wütend, wenn er diese Gedanken hatte. Aber sie waren unkontrollierbar und fast immer präsent. Sie machten die Zeit mit Kamila und den Kindern, die Arbeit, den ganzen Alltag unerträglich.

„Ungläubig sind die, die sagen: Allah ist der dritte von dreien, wo es doch keinen Gott gibt außer dem einzigen Gott Allah"[3] Er las diese Passage aus dem Koran viele Male, um sie sich einzuprägen. Er konnte, nein er durfte sich dem Buch der Christen nicht nähern. Es war voll von wirren polytheistischen Theorien, die sagten, Allah sei der dritte von drei Göttern! Ein Götter-Trio? Nein! Niemals! Das war reiner Wahnsinn! Aber das Handeln dieser beiden Westler, das Risiko, das sie eingegangen waren, um das Kind zu retten, ließ ihn einfach nicht los. Überall sah er ihre Gesichter. In Wirklichkeit sah er sie nie wieder, aber seine Erinnerung klammerte sich verbissen an sie. Dieses Lächeln, diese sicheren und sanften Hände, die das verletzte Kind aufhoben.

Er war verrückt geworden.

Das wurde ihm klar, als er sich vor der Tür des Arztes wiederfand, der ihn angestellt hatte; er hielt die Türklinke krampfhaft in der Hand. Es war, als hätten die Meuterer in seinem Kopf das Schiff übernommen. Und sie riefen vom Achterdeck aus der gesamten Mannschaft Befehle zu, den Steuermann eingeschlossen: Er drückte die Klinke und trat zitternd ein, während er, der Kapitän, sich selbst befahl, auf dem Absatz kehrtzumachen und zu fliehen. Zu fliehen vor diesem Wahnsinn, vor dem unbändigen Wunsch, diesem unbekannten Gott zu begegnen.

„Steh nicht einfach so rum, Nasiry! Sprich! Was willst du?", sagte der Arzt mit der Brille auf der Stirn zu ihm.

„Ich will das Buch!", hörte er sich sagen. Erst als der Arzt aufschaute und ihn verwundert musterte, wurde ihm klar, was er gerade getan hatte.

„Welches Buch … ?", antwortete der Mann plötzlich sehr bedächtig und ging in die Defensive.

---

3 Koran, Sure 5:73

Etwas an Nasiry hatte ihn beunruhigt.

„Ich hätte gern Ihr Buch", wiederholte er wie in Trance, während er stocksteif dastand.

„Welches Buch, Nasiry?" Der Arzt sprach dieses Mal tiefer, mit einer ernsten Stimme. Nasiry schluckte hörbar. Er schwieg und hielt den Atem an. Er hatte nicht mehr die Kraft weiterzusprechen.

„Warum willst du unser Buch? Das ist nichts für Afghanen", durchbrach der Arzt das Schweigen. Jetzt klang seine Stimme allerdings sanfter. Dann setzte er sich seine Brille auf und bedachte Nasiry mit einem breiten Lächeln. Das war gerade so genug, um in Nasiry einen Funken Hoffnung aufkeimen zu lassen: „Ich will es lesen!"

„Ich sage dir noch einmal, das ist nichts für Afghanen."

„Aber ich will es lesen! Bitte, ich halte es nicht mehr aus: Ich muss es wissen. Ich muss herausfinden, warum …"

„Geh zurück an die Arbeit", unterbrach ihn der Arzt, nicht herrisch, aber bestimmt, ohne dass dabei das Lächeln aus seinem Gesicht verschwand. Nasiry zögerte, ging dann hinaus, schloss die Tür hinter sich und ließ endlich die Klinke los.

Ein Schwindelanfall zwang ihn, sich zu setzen. Er starrte auf seine Hand, als hätte sie etwas verbrochen. Er schwitzte heftig. Er schüttelte den Kopf und wieder kam ihm das Bild der beiden Westler in den Sinn, als sie den kleinen Jungen ins Auto luden: „Botschafter eines unbekannten Gottes", murmelte er ins Leere.

Es verging eine Woche, in der Nasiry nicht viel schlief. Zu der Angst vor den Folgen seines Fehltritts gesellte sich die Befürchtung, dass es ihn den Job kosten könnte, den er so sehr liebte. Er fluchte über sich selbst. Wie dumm konnte man sein? Kamila hatte er nichts von alldem erzählt. Er hatte sogar aufgehört, mit ihr über das ausländische Paar zu sprechen.

Er hatte das Gefühl, dass sein Leben an einem seidenen Faden hing. Das Gefühl, dass der Faden reißen könnte, stellte sich ein, als der Arzt ihn aus dem Nichts heraus plötzlich fragte: „Nasiry, am Ende des Tages brauche ich dich für einen Auftrag. Es könnte spät werden."

Irgendetwas in seiner Stimme machte Nasiry Angst: keine Spur von der üblichen Höflichkeit. Der Arzt gab ihm keine Chance zu antworten, sondern schob sich an ihm vorbei und ging, ohne ihn auch nur anzusehen.

Der Tag zog sich wie Kaugummi und Nasiry arbeitete wie ein Roboter. In seinem Inneren tobte ein Kampf zwischen Verzweiflung und Hoffnung.

Dann kam das Ende seiner Schicht, und nachdem er alles geputzt und gereinigt hatte, ging er sichtlich nervös zum Empfangstresen. Der Arzt nickte ihm zu, sagte aber kein Wort. Sie machten sich auf den Weg zum betriebseigenen Parkplatz, der durch hohe Mauern mit Stacheldraht und ein dickes Metalltor mit Wachen davor geschützt war. Die Spuren eines Mörserangriffs waren an einer Mauer neben den Mülltonnen noch gut zu sehen und erinnerten an den permanenten Kriegszustand, in dem sich das Land befand. Das Rehabilitationszentrum war dreimal getroffen worden, aber die Schäden hielten sich in Grenzen. Die letzte Explosion war schon zwei Monate her.

Sie stiegen schweigend in das Auto, warteten darauf, dass das Tor geöffnet wurde, und grüßten beim Hinausfahren die Wachen.

Nach etwa zehn Minuten Fahrt brach der Arzt endlich das Schweigen: „Warum sollte ein frommer Muslim das Buch der Christen haben wollen?"

„Weil ich es lesen will!", antwortete er trocken und war über die Empörung in seiner Stimme selbst überrascht. Es ärgerte Nasiry, dass der Arzt ihn als „fromm“ bezeichnet hatte. Es war, als hätte er tief in ihm gelesen und seine „Fehler“ entdeckt. Er merkte sofort, wie verstimmt er war.

„Ich möchte es lesen. Das ist alles“, wiederholte er, dieses Mal in ruhigerem Ton.

„Ich muss dir sicher nicht sagen, wie ungewöhnlich das ist …“, sagte der Arzt, wobei er das Wort „ungewöhnlich“ besonders betonte. Nasiry schüttelte den Kopf und starrte ihn an. Nach diesem Gespräch schwiegen sie mindestens dreißig Minuten lang, aber er bemerkte, wie der Arzt während der Fahrt oft zu ihm herüberschaute. Sie fuhren in ein Viertel, das zum Teil von Ausländern bewohnt war und wo es deshalb von US-Soldaten und anderen Fremden nur so wimmelte. Sie hielten vor einem großen Tor und hupten mehrmals, bevor es automatisch aufschwang. Sie parkten auf dem einzigen freien Platz.

„Mein lieber Hazara, heute werde ich dir Kurt vorstellen“, sagte er zu ihm, nun wieder in seinem üblichen, scherzhaften Ton.

Sie betraten eine große Wohnung im dritten Stock. Das Gebäude wurde nur von Europäern bewohnt oder zumindest schlussfolgerte Nasiry das aus den Gegenständen, die vor den Haustüren standen. Kurt, ein schlanker und sehr großer junger Mann, begrüßte sie mit einem breiten Lächeln und umarmte den Arzt. Nasiry hatte ihn noch nie gesehen. Er war Deutscher und sprach fast akzentfrei Dari. Er begrüßte Nasiry mit den traditionellen afghanischen Willkommensformeln, was ihn ein bisschen beruhigte. Eigentlich klopfte sein Herz nämlich bis zum Hals und er fühlte sich, als wäre er gerade auf dem Weg in einen Wald voller blutrünstiger Wölfe.

Als er auf einem ausgewaschenen Teppich vor einem großen Tisch Platz nahm, bot ihm Kurt Tee an, den er dankend annahm. Währenddessen versuchte er an irgendetwas Schönes zu denken, was ihn vielleicht beruhigen würde. Das Gesicht seines Hundes kam ihm in den Sinn, an dem Abend, als er den großen Wolf gejagt hatte.

„Darf ich dich etwas fragen, Nasiry?“, wandte sich Kurt mit einem ansteckenden Lächeln an ihn und setzte sich mit gekreuzten Beinen hin.

Er nickte.

„Ein Mann kommt in eine Moschee. Er ist hungrig nach Gott und sehnt sich danach, in seiner Gegenwart zu sein. Der Mullah geht auf ihn zu und begrüßt ihn so, wie es die Tradition verlangt. ‚Ich will in Gottes Gegenwart sein‘, sagt er ihm. ‚Geh und wasche deine Hände, deine Füße, deinen Kopf und dein Gesicht, dann komm zurück‘, antwortet ihm der Mullah.

‚Bitte, ich brauche ihn jetzt!‘, beharrt der Mann.

‚O ihr, die ihr glaubt! Wenn ihr zum Gebet aufsteht, wascht euer Gesicht, eure Hände [und Unterarme] bis zu den Ellbogen, streicht mit nassen Händen über den Kopf und wascht die Füße bis zu den Knöcheln‘, antwortet der Mullah und zitiert dabei den Koran. Aber der Mann fleht ihn weiter an: ‚Ich muss in der Gegenwart Gottes sein!‘

‚Geh und wasch dich! Du kannst hier nicht eintreten, du würdest diesen Ort unrein machen. Geh dich waschen und komm dann zurück‘, sagt der Mullah abschließend.“

Nasiry hörte ungeduldig zu.

„Was denkst du? Welcher der beiden Männer ist im Recht?“, fragte ihn Kurt.

Stille trat ein. Kurt beobachtete ihn ruhig mit einem leichten Lächeln auf den Lippen. Er schaute ihn erwartungsvoll an, aber ohne ihn unter Druck zu setzen. Nasiry murmelte vor sich hin. Man konnte sehen, wie sich seine Lippen bewegten, und er gab ein leichtes Summen von sich. Aber es war schwer zu verstehen, was er sagte. So seltsam die Situation auch schien, ließen sie ihn trotzdem gewähren, ohne einzugreifen, ohne ihn aufzufordern, etwas zu sagen. Kurz darauf brach Nasiry selbst das Schweigen:

„Gott hat alles erschaffen. Die Erde, den Himmel, die Sonne, die Moschee, alles kommt von Gott. Auch der Mensch ist von Gott geschaffen. Ich glaube nicht, dass Gott sich sehr für unsere Kleidung interessiert oder dafür, wie sauber oder staubig wir sind. Der Mann ist im Recht, weil er sich nach Gott sehnt, Gott liebt und bei ihm sein möchte. Der Mullah scheint blind zu sein. Oder er will nur zeigen, wie rein und sauber er selbst ist, wie rein und sauber seine Moschee ist. Der Mann ist im Recht, weil er Gott braucht und ihn sucht“, sagte er in einem einzigen, aufgeregten Atemzug.

Er wartete auf eine Reaktion. Aber es kam keine. Kurt wechselte einfach das Thema.

„Ich habe eine Lampe, die brennt. Ist es deiner Meinung nach besser, einen schönen farbigen Schirm darüber zu stellen oder die Lampe frei zu lassen, damit das Licht ungehindert leuchten kann?“

Er beschloss, mitzuspielen, falls das hier ein Spiel sein sollte. „Die Lampe sollte nicht abgeschirmt werden. Jeder braucht Licht, um zu sehen, warum sollte man es verdecken? Je mehr Licht, desto besser in dieser dunklen Welt.“

Kurt lächelte ihn an, stellte sich vor ihn und richtete sich zu seiner vollen Größe auf. Er musste aufpassen, dass er sich nicht den Kopf an der Lampe stieß. Ohne irgendwas zu erklären, ließ er Nasiry und den Arzt alleine und ging in den Flur, der zu den Schlafzimmern führte.

Der Arzt blieb still und beobachtete ihn. Nasiry wurde noch unruhiger. Er verstand nicht, was vor sich ging, und er traute sich nicht zu fragen. Einige Augenblicke lang fühlte er sich wie in einer Falle.

Nach fünf Minuten kam Kurt mit einem Buch in der Hand zurück. Es war DAS Buch.

„Am Anfang schuf Gott den Himmel und die Erde … “, las Kurt in Dari daraus vor, während er sich wieder zu ihnen setzte. Dann schloss er das Buch und reichte es Nasiry. „Hier ist das Buch. Und hier ist eine Hülle dafür. Lass sie immer dran, das ist sicherer“, sagte er und reichte ihm den Einband eines etwa gleich großen Anatomie-Buches.

Nasiry gehorchte und zitterte. Er brauchte mehrere Versuche, um das Buch in den Einband zu wickeln. Es war heiß. Es war radioaktiv. Es war giftig. Es war unrein. Es war tödlich. Innerhalb von Sekunden rauschten alle möglichen Gedanken durch seinen Kopf.

„Bist du sicher?“, fragte ihn der Arzt und half ihm, den Umschlag um die Bibel zu legen.

„Ja, ja, Doktor, ich bin sicher. Ich bin mir sicher.“

Noch am gleichen Abend begann er zu lesen, als Kamila und die Kinder schliefen. An Schlaf war bei Nasiry nicht zu denken. Jede Zelle seines Körpers war in Alarmbereitschaft, eine Mischung aus Aufregung und Angst.

Die Schöpfungsgeschichte sprach ihn sofort an. Die Feierlichkeit dieser Worte erfüllte seine Seele. Er ertappte sich mehrmals dabei, wie er murmelte: „Wie viele Lügen. So viele Lügen!“ Aber damit meinte er nicht das, was er gelesen hatte, sondern das, was ihm bis dahin beigebracht worden war.

Das Buch war mächtig. Es war durchtränkt von Autorität, so kam es dem durstigen Nasiry vor. Ja, er war durstig. Seine Kehle brannte. Er trank Tee und ein Getränk, das Kamila oft zubereitete. Er merkte bald, dass dieser Durst nicht leicht zu löschen war. Es war etwas, das nicht von der Kehle ausging, sondern von seiner Seele. Er las stundenlang.

Tausende Fragen brannten ihm auf der Zunge, so viele, dass er sie aufschreiben musste. Er nahm ein Notizbuch, das er für die Arbeit benutzte, drehte es um und begann auf der letzten Seite zu schreiben. Er schrieb auf Englisch, eine kleine Vorsichtsmaßnahme, falls ein Nachbar oder ein Verwandter das Büchlein finden sollte. Er beherrschte diese Sprache nicht gut genug, um grammatikalisch korrekte Sätze zu formulieren, aber es waren meist sowieso nur kurze, meist kryptische Stichpunkte zu den Fragen, die er im Kopf ausformuliert hatte.

Als die Morgendämmerung anbrach, versteckte er die Bibel an einem geheimen Ort, den er sich auf der Rückfahrt überlegt hatte.

Bei der Arbeit sprach er kein einziges Wort mit dem Arzt. Er hielt sich von ihm fern. Er wusste nicht genau, warum, es war einfach so ein Bauchgefühl. Er versuchte, sich auf seine Arbeit zu konzentrieren, aber das, was er gelesen hatte, ging ihm nicht aus dem Kopf. Eigentlich wollte er nichts mehr, als nach Hause zu gehen und weiterzulesen. Er wollte diesen unbekannten Gott weiter kennenlernen. Den Gott, der ihm bisher durch ein Dickicht aus Lügen verborgen geblieben war. Derjenige, der die Ausländer dazu brachte, ihr Leben für das afghanische Volk zu riskieren.

Es war der Arzt, der gegen Ende seiner Schicht auf ihn zukam. Er war gerade dabei, Matten und Therapieutensilien in der Sporthalle aufzuräumen. Er bemerkte ihn nicht, bis er seine Stimme hörte: „Nasiry, halte dir die Freitagnachmittage frei."

Er erschreckte sich so sehr, dass er über eine Bank stolperte und fast hinfiel. Der Arzt lachte laut auf und Nasiry sah ihn erschrocken an, als ware er der schlimmste Komplize auf Erden. Als würde er mitten in einem Einbruch Lärm machen und herumblödeln.

„Alles in Ordnung?"

Nasiry nickte und fugte hinzu: „Ich werde am Freitag da sein."

Die Freitage wurden zu einem festen Termin. In Kurts Haus konnte er so viele Fragen stellen, wie er wollte. Und er hatte viele. Sie reichten von simpleren Themen, die sich meist auf die Unterschiede zum Islam bezogen, bis hin zu komplexeren Dingen: „Wie ist es möglich, dass Jesus ganz Mensch und ganz Gott ist?"

Auf jede Frage schien Kurt eine Antwort zu haben. Aber oft antwortete er selbst mit Gegenfragen, die Nasiry ins Grübeln brachten und weitere Hypothesen aufstellen ließen. „Warum sollte ein Gott, der das Universum erschaffen hat, nicht seinen Sohn auf die Welt senden und das Wunder vollbringen können, das du gerade beschrieben hast? Ist es für dich einfacher zu glauben, dass ein Mensch auf dem Wasser geht? Oder dass sich ein Meer in zwei Hälften teilt?"

An diesen Nachmittagen trank er gierig aus der Quelle. Oft blieb er zum Abendessen. In diesen Nächten konnte er nicht einschlafen. Aber was am ersten Freitag, an dem sie sich trafen, geschehen war, zog ihn tatsächlich in den gefürchteten Wald voller blutrünstiger Wölfe. Nur dass er statt der Wölfe Schafe fand. Seine geliebten Schafe. Und einen Hirten, ja DEN Hirten schlechthin, wie er bald herausfinden würde.

Gleich zu Beginn eines Treffens fragte ihn Kurt, ob er für ihn beten könne. Nasiry stimmte zögerlich zu. Kurt legte ihm die Hand auf die Schulter und begann auf Dari zu beten. In dem Moment, in dem er dabei den Namen Jesus erwähnte, breitete sich eine himmlische Ruhe in Nasirys Herz aus. Jeder verkrampfte Muskel entspannte sich. Er schloss instinktiv die Augen und alle Angst verschwand, um einer unfassbaren, völlig irrationalen Freude Platz zu machen.

Er weinte, wie er es nur von Babys kannte. Er schluchzte und schniefte. Er sah sich inmitten einer Herde dicker Schafe, die geschoren werden sollten, während er Kurts Stimme lauschte.

Als sein neuer Freund das Wort Amen mehrmals wiederholte, öffnete er wieder die Augen. Dieses Mal sprach der Arzt zu ihm: „Willkommen zu Hause", sagte er und nahm ihn in den Arm.

Wieder musste er weinen. Er wusste nicht, wie lange, aber er weinte so viel, dass er sich erschöpft und ausgelaugt fühlte. Später wurde ihm klar, dass er sich noch nie so gefühlt hatte, so … zu Hause. Hier war er am richtigen Ort.

Es war seine Entscheidung gewesen, hierherzukommen. Jetzt war er kein Paket im Leben anderer Menschen mehr. Er war frei. Auch wenn er nicht genau wusste, wovon.

Alles ging schnell. Unglaublich schnell. Einige Gedanken, die ihn jahrelang verfolgt hatten, verschwanden. Düstere Gedanken über seine Behinderung, über seine Hazara-Herkunft. Gedanken aus seiner Kindheit, aus seiner Zeit als Soldat, aus seiner Zeit im Krankenhaus. Je mehr er in der Bibel las, je öfter er an diesen Treffen teilnahm, desto mehr fühlte er sich wie neugeboren. Es war, als wäre er … angekommen. So etwas hatte er noch nie erlebt!

„Was ist los mit dir, Nasiry?", fragte Kamila ihn eines Abends. Sein Verhalten verwirrte sie. An einem Morgen hatte er plötzlich zu ihr „Ich liebe dich, Kamila" gesagt. Sie war völlig perplex in die Küche gelaufen und hatte ihn einfach im Bad stehen lassen. Eine Hitzewelle war durch ihren Körper gelaufen, so heftig, dass sie sich erst einmal Handgelenke und Stirn mit Wasser abkühlen musste. Was war da nur los?

Aber es war nicht nur das: Es war sein Verhalten, der Respekt, den er ihr entgegenbrachte, die Sorgfalt, mit der er ihr im Haushalt half. Seine Hände waren plötzlich zu einer Quelle des Guten für sie geworden. Sie merkte, dass sie ihnen nicht mehr mit einem ängstlichen Blick folgte, wenn er in ihrer Gegenwart war. Im Gegenteil, zum ersten Mal sah sie seine Hände richtig an.

Nasiry bat sie, sich hinzusetzen. Die Kinder spielten mit den älteren Nachbarskindern draußen im Hof.

„Sie haben uns belogen, Kamila. Sie haben uns die ganze Zeit belogen. Jesus ist der Sohn Gottes." Er sagte es frei heraus, ohne drum herum zu reden. Er hatte gelernt, mit Fingerspitzengefühl über diese Dinge zu sprechen, aber an diesem Tag schossen die Sätze nur so aus ihm heraus. Als würde man Feuerwerkskörper in ein Lagerfeuer schleudern.

„Nein, nein, ich will das nicht hören", erwiderte Kamila und sprang auf, nachdem sie eine ganze Weile wie festgefroren dagesessen hatte. „Ridda" (Abtrünniger), fügte sie mit leiser Stimme hinzu und hielt sich die Hand vor den Mund, als hätte sie dieses Wort erbrochen. Sie wiederholte es mehrere Male. Jedes Mal mit mehr Verachtung in der Stimme. Nasiry nahm sie sachte am Arm, aber Kamila riss sich los und zuckte verängstigt zurück.

„Meine Liebste", er wusste, dass sie diesen Worten nicht widerstehen konnte, „die Bibel, das Buch der Christen, ist das Wort Gottes! Das wahre Wort Gottes. Man hat uns Lügen über die Christen erzählt und auch über ihr Buch! Man hat uns gesagt, dass es die Menschen vom rechten Weg abbringt, zu allen möglichen Ausschweifungen verführt, zur Trunkenheit, zum Ehebruch, zum Diebstahl. Aber das ist alles falsch!"

„Du hast die Soldaten doch auch gesehen! Die Amerikaner! Du hast sie auch gesehen, wie sie in ihren Bars sitzen! Sie betrinken sich hemmungslos und benehmen sich furchtbar! Bist du blind geworden?", unterbrach sie ihn zum ersten Mal in ihrer Ehe.

„Das sind keine Christen oder sie folgen jedenfalls dem christlichen Glauben nicht. Lass dich nicht täuschen, Kamila. Das Buch der Christen ist gegen all diese Dinge. Schau, ich werde es dir beweisen." Nasiry lief auf den Dachboden und kam mit seiner Bibel in der Hand zurück.

Als sie merkte, was ihr Mann ihr zeigte, war Kamila wie versteinert, als hätte sie eine Klapperschlange gesehen. Nasiry hatte eine Grenze überschritten. „Du bist verrückt geworden! Der Prophet sagt: ‚Wenn ein Muslim seine Religion verrät, töte ihn'", brüllte sie und fuchtelte mit den Händen, als wolle sie sich gegen eine Schlange aus Papier verteidigen. Nasiry war verblüfft, dass sie aus einem Hadith[4] zitierte.

„Was werden unsere Familien sagen?", fragte sie mit einer etwas freundlicheren Stimme. Sie schluchzte bitterlich und blieb auf Distanz.

Nasiry löste sich aus seiner Starre, sprang auf, packte sie und … umarmte sie ganz fest. Er hielt sie einige Augenblicke lang im Arm, bis sie sich von ihm löste. Sie weinte leise. Zitternd nahm sie sein Gesicht in ihre Hände, als würde sie ihn anflehen. Aber er ließ ihr keine Zeit, noch einmal zu sprechen. „Bitte, setz dich hin. Hör dir an, was ich dir vorlese. Und entscheide selbst."

Sie gab nach und hörte dem Mann zu, den sie zu kennen glaubte. Der Mann, der sich so sehr verändert hatte. Etwa eine halbe Stunde lang hörte sie ihm zu. Sie protestierte nicht. Es war seine Art, die ihre Zweifel zerstreute. Zuerst war ihr es nicht bewusst, aber sie gab nicht nur ihrem Mann nach: Unterwürfigkeit war schließlich Teil des Ehevertrages. Sie wurde von etwas Größerem überwältigt. Etwas, das jegliche Sicherheit, die sie sich bis dahin aufgebaut hatte, zunichtemachen würde. Sie spürte es, aber sie konnte nicht aufhören, darüber nachzudenken, was ihren Mann zu dem Mann gemacht hatte, den sie jetzt vor sich sah. Einem viel besseren Mann.

Am darauffolgenden Freitag kam Kamila mit zu dem Treffen im Haus von Kurt. Sie mitzunehmen war ein Risiko, sagte der

---

4 Sammlung von Zitaten, die dem Propheten Mohammed zugeschrieben werden.

Arzt. Aber es waren nun mal riskante Zeiten. Schon in Afghanistan zu arbeiten war ein Wagnis. Aber seinen eigenen Glauben dann auch noch mit einem einheimischen Muslim zu teilen, das war wie ein Glücksspiel auf Leben und Tod.

Nasiry hatte Tage damit verbracht, Kamila auf das Treffen vorzubereiten. Der offene Streit an dem Abend, an dem er ihr sein Herz geöffnet hatte, war einem schweigsamen Waffenstillstand gewichen. Kamila machte den Mund nicht auf: Sie hörte zu, wie ihr Mann ihr stundenlang von diesem unbekannten Gott erzählte.

Bei Kurt war eine Frau namens Katerina, die Kamila sofort in die Küche einlud. Sie beteten nicht mit ihr, wie sie es zu Beginn des Treffens zu tun pflegten. Nasiry war darüber zunächst enttäuscht; aber es war der richtige Weg. Katerina verstand, dass Kamila noch nicht bereit war. Während die Männer sich einem intensiven Bibelstudium über das Wesen Jesu widmeten, setzten sich die Frauen mit einem Tee in die Küche. Sie unterhielten sich unglaublich offen und ehrlich über das, was vor sich ging.

Kamila merkte es zuerst selbst nicht, aber sie begann, sich zu verändern. Sie prüfte all ihre bisherigen Überzeugungen. Anfangs vielleicht noch, um ihre Familie zu schützen, später auch aus reiner Neugier. Nein, es war nicht wirklich Neugier: Es war die Sehnsucht, Gott kennenzulernen. Das wurde ihr klar, als Katerina ihr erzählte, wie sie Christus kennengelernt hatte. Und wieder waren es nicht nur die Worte, sondern die Art und Weise, wie sie davon erzählte, das Strahlen in ihren Augen, der Friede, der von dieser Frau ausging. All das brach die fest verschlossenen Türen, hinter denen Kamila ihre Verwundbarkeit versteckt gehalten hatte, nach und nach auf. Erst am Ende betete Katerina für sie. Kamila sah ihr schweigend zu, schwitzend und angespannt, als könnte sich die Hand, die sanft auf ihrem Arm lag, plötzlich zu einer Ohrfeige erheben. Schließlich fragte Katerina sie, ob sie noch Fragen habe:

Natürlich hatte sie welche. Tausende! Aber sie traute sich nicht, sie zu stellen. Sie schüttelte den Kopf.

Katerina zwinkerte ihr zu und forderte sie auf, ihr leise zu folgen. Heimlich schauten sie in das Wohnzimmer und lauschten. Nasiry sprach lebhaft und machte sich gleichzeitig Notizen. Er war konzentriert und ernst. Kurt sagte zu ihm: „*Wer Jesus treu ist, weiß, dass seine Schande bedeckt und seine Ehre wiederhergestellt ist*", und dann, nach einer kurzen Pause, in der er im Buch der Christen nach etwas suchte, las er langsam: „Der Prophet Jesaja spricht: ‚*Fürchte dich nicht, denn du sollst nicht zuschanden werden; schäme dich nicht, denn du sollst nicht zum Spott werden, sondern du wirst die Schande deiner Jugend vergessen und der Schmach deiner Witwenschaft nicht mehr gedenken.*'"[5]

Diese Worte brannten sich in Kamilas Herz ein. So wie viele andere, die sie an diesem Nachmittag hörte. Es war, als ob eine Horde wilder Barbaren durch ihren Kopf zog und alle bisherigen Überzeugungen zerschlug. Sie verlor die Kontrolle. Sie sprach nicht mehr. Zumindest nicht mit den Menschen um sie herum, denn in ihrem Kopf schwirrten Millionen von Wörtern herum, wie ein dicht gedrängter Bienenschwarm, der sich immer wieder zu neuen Gedanken formte.

Sie war schockiert von den Aussagen, die sie in diesem Raum gehört hatte:

- Die Zugehörigkeit zur Familie Gottes beruht nicht auf Ansehen oder religiöser Reinheit, sondern auf der Treue zum gekreuzigten Messias. Und:
- Gott bietet einen Tausch an, sodass die unreinen und verlorenen Waisen zu seinen geliebten Kindern werden können.

Das Seil, das sie mit ihrem alten Leben verbunden hielt, wurde

---

5 Jesaja 54,4; LU

jäh gekappt, als der hochgewachsene Ausländer mit der Baritonstimme die Gesprächsrunde mit einer Aussage beendete, die Nasiry eifrig notierte und mehrmals unterstrich: „Wer Jesus bis zum Kreuz der Schande folgt, wird ihm auch in die Herrlichkeit der Auferstehung folgen."

Diese Worte ließen Kamilas Zweifel zusammenstürzen. Endgültig. Es war die Antwort auf all ihre Zweifel wegen der Folgen, die die Entscheidung ihres Mannes, ein Nachfolger Jesu zu werden, haben würde. Die Schande, die über ihre Familien hereinbrechen würde; die Ablehnung, die sie in der Nachbarschaft erfahren würden; der Zorn ihrer engsten Verwandten; und schließlich die Gewalt, die die Radikalen dieser Welt entfesseln würden. Was für eine Religion war das?

Zwei Monate und viele weitere Treffen später war für die beiden die Zeit gekommen, den Punkt zu überschreiten, ab dem es für ehemalige Muslime in einem Land der Verfolgung kein Zurück mehr gibt: die Taufe.

Es war wieder ein Freitag, im Badezimmer von Kurts Wohnung. Zuerst war Nasiry an der Reihe. In einen hellen Kaftan eingewickelt, saß er in der halb mit Wasser gefüllten Badewanne. Während der letzten Wochen waren sie Schritt für Schritt an den christlichen Glauben herangeführt worden. Bei manchen Fragen brauchte das Paar Zeit, die Worte der Bibel anzunehmen. Kamila hatte mehr Schwierigkeiten bei dem einen, Nasiry bei dem anderen Thema. Sie verbrachten ganze Nächte damit, in der Dunkelheit ihres Zimmers zu streiten, und flüsterten sich gegenseitig ihre Ängste, Zweifel und Erkenntnisse zu.

Für beide war das Konzept der Gnade schwer zu begreifen. Aber am Ende war die Entscheidung klar: Von nun an würden sie als Nachfolger des auferstandenen Christus leben. Er war ihr

Herr und Erlöser. Der Weg, die Wahrheit und das Leben. Ihm wollten sie ihr Leben hingeben.

„Nasiry, glaubst du an Jesus Christus als deinen Erlöser?“

„Ja, ich glaube.“

„Du hast vor uns deinen Glauben an Jesus bezeugt: Bist du bereit, ihm für den Rest deines Lebens zu dienen?“

Kurt und Katerina hatten immer wieder über den Preis gesprochen, den sie für ihre Abkehr vom Islam zu zahlen hatten, vor allem, wenn sie in Afghanistan blieben. Oft endeten diese Diskussionen mit Tränen. Aber meistens weinte das deutsche Paar, nicht sie. Obwohl Kamila und Nasiry noch ganz am Anfang ihrer Reise standen, konnten ihre Mentoren schon von ihnen lernen, auch wenn ihnen das nicht bewusst war.

„Ja, das bin ich.“

„Und so taufe ich dich durch die Gnade unseres Herrn im Namen des Vaters und des Sohnes und des Heiligen Geistes.“ Mit diesen Worten drückte Kurt Nasirys Oberkörper nach hinten und legte ihm eine Hand auf den Kopf, um ihn vollständig unterzutauchen. Als er wieder auftauchte, lachte Nasiry und sagte immer wieder: „Amen, Amen!“

Katerina begleitete Kamila bei der Taufe, während Kurt im Stehen dieselben Worte zitierte und die lebensverändernde Frage stellte. Die zierliche Afghanin zögerte nicht. Ab jetzt gab es kein Zurück mehr. Sie konnten unmöglich wissen, wohin diese Entscheidung sie führen würde. Aber wer hätte das damals sagen können?

Als sie die Schwelle ihres Hauses überquerten, war für Nasiry allerdings eines gewiss: Er war jetzt nicht mehr der Sohn einer Dienerin. Sondern ein Kind des Königs der Könige! Diese Wahrheit zu verstehen gab ihm die Kraft für seine nächsten Schritte im Glauben. Einschließlich der Aufnahme seines ersten Jüngers.

DIE HAUSKIRCHE

2000er-Jahre, Kabul, Afghanistan

Als Nasiry das nächste Mal seine Familie besuchte, erzählte er von seinem neuen Glauben. Sein jüngerer Bruder nahm die Nachricht am schlechtesten auf. Er war der Erste, der ihn beschimpfte, ihn verfluchte und den Galgen für den Abtrünnigen forderte. Denn das war er für die Familie geworden: ein Abtrünniger. Zunächst erwähnten sie Kamila dabei nicht, warum auch?Aber nach einer Stunde Streit wurde auch sie bedroht, obwohl sie nicht anwesend war. Das war der schwierigste Moment und Nasiry dankte Gott, dass er sie nicht mitgebracht hatte. Die Vorwürfe und Anschuldigungen gingen in Geschubse, Schreie und Ohrfeigen über, die Nasiry ohne zu reagieren einsteckte: Er war da, um zu zeigen, wie Christus war.

Genau für solche Situationen hatte er eine Passage über seinen König auswendig gelernt. Es waren Worte aus dem Buch des Propheten Jesaja: *„Als er gemartert ward, litt er doch willig und tat seinen Mund nicht auf wie ein Lamm, das zur Schlachtbank geführt wird; und wie ein Schaf, das verstummt vor seinem Scherer, tat er seinen Mund nicht auf.“*[6]

Er ertrug ihren Zorn. Aber plötzlich sorgte sein Stiefvater für Ruhe. Einen kurzen Moment lang versuchte noch der Jüngste, der Sohn seiner ersten Frau, Nasiry weiter zu piesacken, aber schlussendlich wurde ein „Waffenstillstand“ vereinbart, um einer ernsthaften Diskussion Raum zu geben.

Die zusätzlichen Jahre in der Schule waren für Nasiry jetzt

[6] Jesaja 53,7; LÜ

Gold wert. In der Gruppe war er derjenige mit der umfangreichsten Bildung. Er hatte den Koran gelesen, konnte einige schöne Hadithe rezitieren, hatte studiert, einen Abschluss erworben und, was noch wichtiger war, er war der Einzige, der die Bibel gelesen hatte.

Er argumentierte furchtlos und gab sich Mühe, die anwesenden Männer möglichst nicht vor den Kopf zu stoßen. Wenn sie versuchten zu kontern, zeigte er ihnen die Widersprüche auf, die zwischen den Lehren der Moschee und ihrem persönlichen Leben klafften. Mit Tränen in den Augen wandte er sich jedem Einzelnen der Anwesenden zu und sagte: „Brüder, wohin führt uns diese Religion? Unser Land ist ein riesiger Schutthaufen. Der Hass regiert die Straßen. Fremde regieren an unserer Stelle. Verzweiflung und Rache sind unser tägliches Brot. Unsere Kinder haben keine Zukunft: Werden sie sich gegenseitig umbringen, wie wir es getan haben?"

„Genug!", rief der Vater, stand aus dem Sessel auf und verließ den Raum. Die Diskussion war damit beendet. Es war das einzige Mal, dass sie alle zusammen über dieses Thema sprachen. Keiner von ihnen bekehrte sich zu Christus. Aber andererseits zeigte ihn auch niemand an. Tief im Herzen waren sie vielleicht gar nicht so radikal und vielleicht hatte diese Diskussion ja tatsächlich Zweifel in ihre Herzen gestreut. Aber das würde Nasiry niemals erfahren.

Am folgenden Freitag gab es eine Überraschung. Ein Ire war bei dem wochentlichen Treffen zu Gast. Sein Englisch war für Nasiry schwierig zu verstehen, aber das machte nichts: Er sprach sowohl Dari als auch Paschtunisch sehr gut. Als ehemaliger Soldat arbeitete er jetzt für eine internationale Hilfsorganisation, hatte viele Jahre in Pakistan verbracht und lebte nun seit über einem

Jahr in Afghanistan. Das behauptete er jedenfalls und Nasiry glaubte ihm. Aber er spürte auch, dass noch mehr hinter seinem Besuch steckte: „Es gibt da einen jungen Mann, der dich wirklich gut gebrauchen könnte, Nasiry", sagte er ernst.

„Schick ihn ins Zentrum, ich bin sicher, dass wir ihm helfen können", sagte Nasiry prompt und vermutete ein körperliches Problem.

„Nein, Nasiry, ich schicke ihn zu dir nach Hause ..." Die Worte ließ er im Raum stehen, während er Nasiry eindringlich ansah.

Es war Kurt, der ihm auf die Sprünge half: *„Geht also hin und macht alle Völker zu Jüngern", hat unser Herr uns aufgetragen.*

Erst da wurde ihm klar, dass sie vorschlugen, Nasiry diesen jungen Mann anzuvertrauen, damit er ihn im christlichen Glauben unterrichtete. Er wusste nicht, was er sagen sollte. Aber er wusste sofort, was diese Bitte bedeutete: Ihr Zuhause würde nie wieder ein sicherer Ort sein. Das würde es in diesem Land sowieso nie wieder für sie geben. Doch das hier war ein ganz klarer Schritt hin zu einem Leben in der Verfolgung.

Nasiry sagte zu. Tatsächlich taten sie das beide, denn im Nachbarraum hatte Katerina Kamila die gleiche Frage gestellt.

So entstand in seinem Haus eine Gemeinde, die zunächst aus ihm, seiner Frau und dem jungen Abdul-Rasheed bestand, den Nasiry nur „Rush" (englisch für „Eile") nannte. Eine Kurzform für Rasheed. Außerdem passte dieser Name perfekt. Der Junge war ein Energiebündel und stand nie still. Während der Treffen ging er ständig in ihrem Wohnzimmer auf und ab, stellte dabei alle möglichen, auch die absurdesten, Fragen und fuchtelte mit den Armen herum. Man konnte ihn nicht länger als fünf Minuten mit den Kindern allein lassen, sonst brach ein Krieg aus. Rush war aber auch ein Deckname, den Nasiry benutzte, wenn er mit dem Iren am Telefon über ihn sprach.

Sicherheit wurde immer mehr zu einem zentralen Thema in ihrem Leben. Nicht zuletzt, weil der Junge nicht zu bändigen war. Was ihn rettete oder besser gesagt was sie rettete, war, dass er eines der vielen Stipendien bekam, die von Hilfsorganisationen subventioniert wurden, die in die Jugend dieses Landes investieren wollten. Rush war klug, intelligent und lernwillig. Nachdem er etwa sechs Monate lang an den Versammlungen in Nasirys Haus teilgenommen hatte, wurde er nach Tadschikistan geschickt. Genug Zeit für ihn, Jesus als Retter anzunehmen und sich taufen zu lassen.

Es war Nasiry selbst, der ihn taufte, der Ire assistierte.

„Ich muss gehen, meine Freunde. Ich muss in mein Heimatland zurückkehren. Ich habe dort alte Eltern, die meine Hilfe brauchen", sagte der ehemalige Soldat noch am gleichen Tag.

Sie umarmten sich herzlich zum Abschied.

Er sah ihn nie wieder.

Weder den Iren noch Rush.

Er hatte kaum Zeit, diese Erfahrung zu verdauen, als sich in seiner Hausgemeinde neuer Zuwachs einstellte. Dieses Mal waren es gleich vier afghanische Brüder – „Brüder" im Sinne von „Nachfolger Christi". Nasiry und seine Frau waren darüber sehr erstaunt, aber gleichzeitig schöpften sie daraus Mut und neue Hoffnung. Viele ehemalige Muslime leiden unter Einsamkeit, wenn sie in Ländern leben, in denen Christen verfolgt werden.

Es war Isuf, ein Freund des Iren, der diese neue Konstellation möglich gemacht hatte. Er meldete sich telefonisch bei Nasiry, blieb aber vage und bat um einen Termin für ein Treffen. Isuf war ein kleiner, sehr dünner und lustiger Tadschike in den Fünfzigern, mit grauen, wuscheligen Haaren. Was genau er tat, verstand Nasiry nie so wirklich. Aber er wurde zu einem wichtigen

Kontakt für ihn, nachdem er ihm die vier afghanischen Brüder vorgestellt hatte. Sie waren schon vor einiger Zeit getauft worden, wollten jetzt aber zusammen mit anderen Christen etwas aufbauen.

Isuf wurde zu einem vertrauensvollen Kontaktmann für Nasiry. Über eines seiner Mobiltelefone war Isuf die erste Anlaufstelle für Afghanen, die am Evangelium interessiert schienen. Isuf traf sich ein paar Mal mit ihnen und überprüfte sie, so gut er konnte. Anschließend leitete er die Interessenten an Nasiry weiter, der dann eine Reihe von Treffen mit ihnen hatte, bei denen er die Grundlagen des christlichen Glaubens erklärte. Das war nicht gerade die Sicherheit auf NASA-Niveau, aber es war dennoch eine kluge Vorsichtsmaßnahme.

In der Stadt gab es mittlerweile mehr Geschäftsleute und Mitarbeiter von Hilfsorganisationen als je zuvor, sowohl aus dem Westen als auch aus Asien. Das minderte zwar keineswegs die Gefahr, in der sich Nasiry befand, aber es herrschte eine Atmosphäre der Hoffnung und der Zuversicht in diesen Monaten.

„Wenn du erwischt wirst, weißt du, was dir droht, oder?", fragte Isuf ihn eines Tages zum ersten Mal. „Ich glaube, ich weiß es besser als du, Bruder. Ich habe keine Angst vor den Taliban, ich habe keine Angst vor den Mullahs, ich habe keine Angst vor meinen muslimischen Brüdern. Denn die Bibel sagt sehr klar, wen wir zu fürchten haben. Ich fürchte nur Gott."

„‚Fürchtet euch nicht vor denen, die den Körper töten, aber die Seele nicht töten können; fürchtet euch vielmehr vor dem, der die Seele und den Körper in der Hölle umkommen lassen kann', spricht der Herr", antwortete er selbstbewusst, als hätte er sich schon lange auf diese Frage vorbereitet.

Dann fuhr er fort: „Ich bete für mein Land. Ich bete für die Regierung. Und ich bete für die Taliban. Ich bete dafür, dass sie den

Werken des Bösen den Rücken kehren und den Werken des Guten nacheifern. Wir brauchen hier dringend das Licht des Evangeliums und die Hoffnung von Christus. Ich schaue meine Leute an und eine unbändige Liebe strömt aus meinem Herzen. Eine Liebe, die nicht meine eigene ist. Eine Liebe, die nur von Gott kommen kann", sagte er und zeigte mit seiner linken Hand in den Himmel.

Er musste diese Antwort immer wieder auf verschiedene Arten geben, weil er immer wieder daran erinnert wurde, welches Risiko er einging. Vom allerersten Schüler an, den er betreute, wiederholte er diese unbequeme Wahrheit immer wieder im Gebet und fasste sie in diesen einfachen Worten zusammen: „Ich fürchte Gott. Menschen können nicht mehr, als mich zu töten."

Isuf gab ihm Bibeln in verschiedenen Sprachen und langsam wurde es schwierig, sie alle gut zu verstecken. Wie er sie beschaffte, erklärte er nie. Es war sicherer, es nicht zu wissen, für den Fall, dass etwas schiefging.

Innerhalb weniger Monate entstanden weitere Hausgemeinden. Nasirys Haus bot Platz für höchstens fünf neue Gemeindemitglieder und war für die vielen Menschen zu klein geworden. Es wurden weitere Bibeln gebraucht und in Umlauf gebracht. Damit wuchs natürlich die Gefahr, entdeckt zu werden. Nasiry war gewiss nicht so töricht, den Judas aus der Bibel für ein einmaliges Phänomen zu halten, als gäbe es derartige Charaktere nur in der Geschichte von Jesus. Nein, er wusste, dass es auch hier und heute Judasse geben würde.

Aus diesem Grund wurden neue Interessenten erst dann in die Hausgemeinden eingeladen, wenn sie eine Reihe von Treffen an neutralen Orten mit zwei verschiedenen Personen absolviert hatten. Im Laufe der Zeit wurden diese Sicherheitsvorkehrungen verfeinert. Während der Gemeindetreffen stand immer ein Gemeindemitglied mit einem Handy am Eingangstor des Hauses, um den drinnen versammelten Menschen neue Gäste oder verdächtige Situationen zu melden.

Was damals entstand, war ein komplexes und geheimes Netz von Hauskirchen, das Dutzende von Afghanen zusammenbrachte. Angeführt von ehemaligen Muslimen, die nun aus der Sicht ihres eigenen Volkes Abtrünnige und Ausgestoßene waren. Aber das galt nicht für alle: Einige der neuen Christen hielten ihren Glauben zumindest für eine Zeit geheim. Sie führten ein normales Leben, gingen in die Moschee und wirkten von außen betrachtet wie ganz normale, gläubige Muslime. Aber in ihren täglichen Gebeten und bei ihren Besuchen in der Moschee wendeten sie im Stillen ihr ganzes Herz dem auferstandenen Messias zu. Dem Erretter ihrer Seelen: Jesus Christus.

Nasiry taufte viele verschiedene Männer: Arbeiter, Studenten, Ladenbesitzer und sogar Akademiker und Ärzte. Andere wurden von den Leitern anderer Hauskirchen getauft, die zuvor von Nasiry unterrichtet worden waren.

Ansonsten musste das Leben wie gewohnt weitergehen. Nasiry arbeitete weiter im Rehabilitationszentrum und er liebte es. Einige Gläubige waren von dort gekommen. Nicht weil Nasiry dort über Christus gesprochen hatte, sondern weil er viele Leute kennenlernte, die Ähnliches erlebt hatten wie er. Ihr Schmerz und ihre Traumata, die Nasiry selbst gut kannte, eröffneten ihm den Zugang zu ihren Herzen. Er hatte gelernt, noch liebevoller und geduldiger mit den Patienten umzugehen, und teilte seine persönlichen Erfahrungen als Behinderter mit ihnen. Sie waren froh, diesen freundlichen Mann zu sehen, der selbst auch verstümmelt worden war und trotzdem immer ein Lächeln und ein paar aufmunternde Worte für sie übrig hatte. Er kümmerte sich um sie und dachte dabei an den Gott der Liebe, der ihn in ein Königskind verwandelt hatte.

Aber egal, wie vorsichtig er war, egal, wie sehr alle ihre Augen offen und ihre Zungen im Zaum hielten: Hier geschah etwas Außergewöhnliches! Und das zu verbergen würde immer schwieriger werden.

Das wurde ihm erst klar, als eines Tages ein Kommandeur der Mudschahedin an seine Haustür klopfte.

„Dr. Nasiry, kann ich Sie kurz sprechen?“, fragte ihn der Guerillakämpfer.

Die Sonne war schon untergegangen und Nasiry war mit seiner Familie allein zu Hause. An seiner Türschwelle stand nun ein Mudschahedin-Führer aus einer weit nördlich gelegenen Provinz. Ihm eilte ein zweifelhafter Ruf voraus: Er hatte viele Menschen getötet, war für die Entführung und Versklavung von Frauen verantwortlich und führte eine kleine Armee von Kämpfern an, die den Taliban ein Dorn im Auge waren. Die Spaltung und die internen Streitigkeiten unter den Mudschahedin, die den Taliban zum Aufstieg verholfen hatten, machten die Lage in Afghanistan nicht weniger kompliziert.

Die Tatsache, dass er ihn als Arzt bezeichnete, ließ vermuten, dass er eine Menge über ihn wusste. Nasiry war kein Arzt, höchstens eine Art physiotherapeutischer Assistent. Aber irgendetwas in der Stimme des Mannes mit dem langen rötlichen Bart sagte ihm, dass er auch das schon wusste.

„Ja, natürlich, kommen Sie bitte herein. Mein Haus ist auch ihr Haus“, antwortete er, ließ ihn eintreten und bat Kamila in der Küche ein paar Erfrischungen vorzubereiten.

„Dr. Nasiry, entschuldigen Sie bitte meine Direktheit, ich werde die Höflichkeitsfloskeln weglassen: Sind Sie Christ?“, platze er heraus. Sie hatten sich noch nicht hingesetzt, als er diese Frage stellte. Kamila, die in der Küche stand, hörte diesen Satz deutlich und wurde fast ohnmächtig. Sie taumelte, sodass die Gläser auf dem Tablett klirrten. Nasiry hingegen blieb ruhig. Abgeklärt. In diesem kurzen Augenblick schoss ihm ein mächtiger Gedanke durch den Kopf. Hell wie ein blendender Autoscheinwerfer, der auf der Gegenspur vorbeirauschte. Er fühlte eine übernatürliche, innere Ruhe.

Mein Leben liegt in Gottes Händen. Niemand außer ihm kann es mir wegnehmen.

„Ja, natürlich bin ich das. Wie kann ich Ihnen helfen?", antwortete er lächelnd.

Eine erdrückende Stille erfüllte den Raum. Beide versuchten die Mimik und Gestik des anderen zu interpretieren.

Sie verharrten regungslos wie in einem surrealen Duell.

„Ich bin weit gereist, um zu Ihnen zu kommen. Ich bin inkognito unterwegs, habe oft die Richtung und auch meine Begleiter gewechselt, um sicherzugehen, dass niemand weiß, wo ich hinwill. Erlauben Sie mir bitte, Ihnen zu erzählen, was mir passiert ist", erklärte der kampferprobte Mudschahedin, löste sich aus der kollektiven Starre und nahm im Wohnzimmer Platz. Er bedankte sich mit einer vagen Geste für den Tee und die Süßigkeiten, die Nasiry inzwischen vor sie gestellt hatte. „Ich hatte eine Schatztruhe, die Geld, Dokumente, alte Waffen und sehr wichtige persönliche Dinge enthielt, aber eines Tages habe ich die Schlüssel verloren. Ich habe gesucht und gesucht, in meiner Kleidung und auf den Bergpfaden, die ich an dem Tag genommen hatte. Ich habe Leute beordert, mir beim Suchen zu helfen, aber die Schlüssel blieben verschwunden. Ich musste sie bei einem Spaziergang verloren haben, da war ich mir sicher. Ich betete zu Allah, ich rief Mohammed an, bat meine Ahnen um Hilfe und brachte sogar ein Opfer dar. Aber nichts passierte!

Eines Morgens versuchte ich in einer Mischung aus Wut und Verzweiflung wieder zu beten. Aber die einzigen Worte, die über meine Lippen kamen, waren: *Jesus hilf mir! Bitte, Jesus, hilf mir!*' Sie können sich bestimmt vorstellen, wie verwirrt ich war. Ich hatte keine Kontrolle über diesen Gedanken. Es war wie ein Impuls, den ich nicht unterdrücken konnte. Aber ich fühlte mich plötzlich ruhig und voller Frieden. Ich stand auf, um spazieren zu gehen, steckte die Hände in meine Jackentaschen und da waren die Schlüssel! Ich und auch andere hatten diese Jacke Dutzende Male erfolglos durchsucht und jetzt waren die Schlüssel in der Tasche. Ein Wunder! Ich bin wirklich nicht leicht zu beeindrucken, aber jetzt brennt mir diese Frage auf der Seele: Wer ist dieser Jesus? Ich wandte mich an verschiedene Mullahs, vertraute Freunde, aber ich hörte nichts weiter als: ‚Er ist ein Prophet, ein guter Mann, der jetzt tot ist', und all die Antworten, die Sie sicher auch kennen. Aber ich wusste, da war noch mehr …"

Er machte eine Pause und nippte an seinem Tee. Auch wenn er hektisch wirkte, hatte er nicht die Absicht, ihre Gastfreundschaft zu missachten. Was an sich natürlich nichts bedeutete. Er hätte ebenso gut dem Paar die Kehle durchschneiden und die Kinder entführen lassen können, um danach ganz in Ruhe seinen Tee auszutrinken.

„Als ich erfuhr, dass Sie Christ geworden sind und geheime Treffen organisieren, habe ich beschlossen, sie zu besuchen, um endlich Antworten zu bekommen."

Nasiry lief ein Schauer über den Rücken, als er erfuhr, dass die Mudschahedin über sein Netzwerk von Hausgemeinden Bescheid wussten: Es konnte ein Bluff sein oder auch nicht …, aber wie viel sie tatsächlich über Orte, Zeiten und beteiligte Personen wussten, konnte er nicht herausfinden, also blieb er still und hörte zu.

„Haben Sie eine *Bible* für mich?", sagte er und benutzte den Begriff Bibel auf Englisch. Aus irgendeinem Grund machte die Wahl dieses Wortes den Satz noch beängstigender.

Er war in einer Zwickmühle: Einem Mudschahedin in Afghanistan eine Bibel zu übergeben war der unwiderlegbare Beweis für ein Verbrechen, für das die Stammesältesten verschiedene Strafen hatten. Das Einzige, woran er dachte, als er dem Mudschahedin-Anführer in die Augen sah, war der Tod. Er würde vor einer johlenden Menschenmenge am Galgen baumeln …

„Ja, natürlich. Ich habe eine für Sie", antwortete er, ohne zu zögern.

Das war es, wofür jeder Christ lebt. Um den Menschen von Gott zu erzählen, die ihn suchen. Und dieser Mann suchte ihn. Es spielte keine Rolle, welche Beweggründe er hatte oder welche Folgen es hatte, ihm eine Bibel zu geben. Das lag in Gottes Hand. Sein Leben, genau wie das des Guerillas, lag in Gottes Hand. Nasiry entschuldigte sich und verließ den Raum. Die Würfel waren gefallen, und es gab kein Zurück mehr. Nach ein paar Minuten erschien er wieder mit einer Bibel in Dari und reichte sie dem Mann, dessen Hände mit dem Blut vieler Menschen befleckt waren. Der Mudschahedin schaute sich das gefährliche Buch sehr genau an, bevor er es nahm …

Die Entscheidung über Leben und Tod, festgehalten in einem kleinen Augenblick: alles wegen eines Buches …, eines Glaubens …, verstaubt und anderswo in der Welt so selbstverständlich.

Dann nahm der Mudschahedin das Buch, stand auf und sah Nasiry ernst in die Augen. „Es ist Zeit für mich zu gehen. Vielen Dank für dieses Geschenk, Dr. Nasiry." Er ignorierte die traditionellen Gepflogenheiten des afghanischen Abschiedsrituals, ging zur Tür, bedeckte sein Gesicht mit einem Schal und verschwand im Gedränge der Stadt.

Es war genau diese Art von Entscheidungen, die er vielleicht eines Tages bereuen würde. Sie konnte eine Kettenreaktion auslösen, die sein Leben und das seiner Familie zerstören würde.

Aber Nasiry hat seine Entscheidung nie bereut, dem Kämpfer eine Bibel zu geben. Und es war ihm nicht anders ergangen bei den zahllosen Bibeln, die er in die Hände seines geliebten Volkes gab. Denn Afghanistan brauchte Christus! Welche Gefahren das auch mit sich bringen mochte.

Ganz einfach.

Nasiry erzählte den anderen Gemeindemitgliedern von dem Vorfall und auch einigen ausländischen Freunden, die in das Hauskirchen-Netzwerk involviert waren. Sie diskutierten darüber, ob die Treffen für einige Wochen ausgesetzt werden sollten: Die Tatsache, dass die Mudschahedin von ihrer Existenz wussten, war beunruhigend, aber nicht völlig unerwartet.

Ihnen war klar, dass im Mittelpunkt des Evangeliums ein Kreuz stand und nicht eine bequeme Kirchenbank. Und sie waren bereit, dieses Risiko auf sich zu nehmen und ihrem Retter zu folgen.

Er erinnerte sich oft an den Tag, an dem der Ire ihm von der westlichen Kirche und ihren Problemen erzählt hatte. Er erinnerte sich daran, wie er bei seinen ersten Bemerkungen über den bequemen und ungefährlichen Glauben der westlichen Christen laut aufgelacht hatte. Doch als er sah, wie wehmütig der Ire ins Leere starrte, blieb ihm das Lachen im Halse stecken. Ihm wurde immer bewusster, dass das, was er gerade erlebte, ein Segen war, eine einzigartige Gelegenheit, dem König der Könige ähnlicher zu werden. Im Mittelpunkt aller Dinge stand das Kreuz. Nicht intellektuell, nicht metaphorisch, nicht rein theologisch, sondern ein reales, greifbares, lebendiges Kreuz.

Sie beschlossen weiterzumachen. Zu viele Menschen landeten in der Hölle, ohne Christus zu kennen. Und in Afghanistan gab es eine Menge Menschen, die viel zu früh ihr Leben verloren.

Ein paar Wochen nach diesem Treffen fand eine weitere Taufe statt. Diesmal aber nicht in einer Badewanne, sondern draußen, an einer abgelegenen Stelle des Flusses, der genau wie die Stadt „Kabul" hieß. Eines der Gemeindemitglieder, ein Soldat, hatte die Stelle sorgfältig ausgesucht, fernab von neugierigen Blicken. An diesem wundervollen Tag entschieden sich drei Männer und zwei Frauen gegen die Sicherheit des irdischen Lebens und für die Gewissheit des ewigen Lebens.

Nasiry hielt eine emotionale Predigt und zitierte aus dem Philipperbrief: *„Er erniedrigte sich selbst und ward gehorsam bis zum Tode, ja zum Tode am Kreuz. Darum hat ihn auch Gott erhöht und hat ihm den Namen gegeben, der über alle Namen ist."*[7]

Er bat die Brüder und Schwestern um eine laute und deutliche Antwort auf die Frage, ob sie bereit seien, Jesus bis in den Tod zu folgen: Sie antworteten mit *Ja*. Alle fünf weinten.

Dann fragte er sie, ob sie sich der Worte des Petrus sicher seien, dass sie ein auserwähltes Geschlecht seien und königliche Priester, ja ein heiliges Volk werden würden, das Gott in Afghanistan auserwählt hatte.[8] Sie antworteten alle mit *JA*.

„Dann werdet ihr nie enttäuscht werden",[9] schloss er mit einem Zitat des Apostels Paulus.

Daraufhin stiegen sie einer nach dem anderen ins Wasser. Und dann feierten sie ein Fest. Es wurde gesungen und getanzt. Sie fühlten sich frei. Es war wie ein Traum. Sie waren jetzt Teil einer riesigen, vielfältigen Familie. Teil eines Körpers, dessen Glieder bis an das Ende der Welt reichten. Jede Scham, jede Ablehnung, jede Wunde gehörte der Vergangenheit an: Sie waren neue Geschöpfe.

---

7 Philipper 2,8-9; LU

8 nach 1. Petrus 2,9

9 Römer 9,33; LÜ

Sein Telefon klingelte, als er gerade einem behinderten älteren Mann mit seiner neuen Prothese half. Erst nachdem er aufgelegt hatte, erkannte er die Stimme: Es war ein junger Mann aus der Nachbarschaft, der ihn gefragt hatte, ob er ihn am Abend treffen könne. Den Rest des Tages konnte Nasiry an nichts anderes denken.

Der junge Mann war ein Taliban. Er war der Sohn eines Nachbarn. Ihn zu treffen war ein Spiel mit dem Feuer. Erst ein Mudschahedin aus dem Norden und jetzt ein Taliban. Die beiden Gruppierungen hatten sich gegenseitig den Krieg erklärt. Zwischen ihren Welten war ein tiefer Graben aufgerissen. Und es war keine gute Idee, von einer Seite dieses Grabens auf die andere zu wechseln.

„Es gibt mittlerweile so viele Gründe, mich zu töten. Theoretisch könnte jeder böse Mensch mein zukünftiger Mörder sein", dachte Nasiry auf dem Weg ins Café, in dem er sich mit dem jungen Taliban treffen wollte. Er lächelte, als er sich vorstellte, wie wütend die bösen Mächte sein mussten angesichts des unglaublichen Werkes, das er hier für Gott tun durfte. An dem vielleicht gefährlichsten Ort, den es für Christen auf dieser Welt gab.

Die anstehenden Wahlen versetzten die Stadt in Aufruhr. Überall hingen riesige Wahlplakate. Der Geruch von geschlachteten Schafböcken wehte durch die Gassen. Und der Duft von unhaltbaren Versprechungen belebte die Diskussionen an den Straßenecken: Kleidung, Medikamente und sogar Handys wurden an diejenigen verteilt, die dem entsprechenden Kandidaten ihre Stimmen gaben.

Sie saßen an einem Tisch am Rande des Cafés. Der Ort war schmutzig und überfüllt. Nicht unbedingt einer der Orte, an denen man einen Taliban vermuten würde. Der junge Mann war sehr nervös.

Sie bestellten und plauderten über dies und das. Es war offensichtlich, dass der Junge mit irgendetwas haderte, und Nasiry ließ ihn gewähren. Es vergingen einige Minuten, aber der Grund für ihr Treffen blieb unklar. Einige ungute Gedanken begannen sich in Nasirys Kopf einzuschleichen: War es vielleicht eine Falle? Wurde er reingelegt? Was wussten die Taliban über die Hauskirchen? Seine Gedanken wanderten weiter und er hörte dem jungen Mann kaum noch richtig zu. Deswegen verstand er auch nicht, worauf er hinauswollte, als er sagte, er würde „das Radio" so sehr lieben. Er war so verwirrt, dass der junge Mann irritiert seine Stimme senkte und wiederholte, was er gerade gesagt hatte. „Mit meinem Radio kann ich *The Way of Life hören*", sagte er noch mal und sah sich verstohlen um.

Nasiry stand immer noch auf dem Schlauch. Dann wurde ihm klar, wovon er sprach. Es handelte sich um eine christliche Sendung von einem Radiosender, der vermutlich aus Pakistan oder vielleicht vom Dach eines unscheinbaren Hauses in Afghanistan aus sendete. In Paschtunischer Sprache wurde im Radioprogramm jedem, der zuhören wollte, das Evangelium verkündet. Er hatte die Sendung noch nie gehört, aber er wusste, dass sie existierte.

Er nickte vielsagend, was alles bedeuten konnte, von „ich habe keinen blassen Schimmer, wovon du redest" bis hin zu „sprich weiter".

Der Junge nutzte die Gelegenheit: „Sind die Dinge, die Sie über Jesus sagen, wahr?" Nasiry antwortete nicht. „Sie haben sich in meinem Kopf festgesetzt, ich kann sie nicht vergessen. Sie hämmern Tag und Nacht auf mich ein. Und ich kann nicht anders, als ihnen zuzuhören. Wenn es wahr ist, was Sie sagen, dann ist mein Leben eine Lüge! Hilf mir!", sagte er und wurde immer unruhiger.

„Ich muss Antworten finden und ich weiß, dass Sie mir keine geben wollen, das verstehe ich. Aber sagen Sie mir wenigstens, wo ich das Buch finden kann."

Wieder das gleiche Dilemma.

„Welches Buch?", brach er diesmal das Schweigen. „Oh, Nasiry, du weißt genau, was für ein Buch! Das Buch der Nachfolge! Ich weiß, dass du ein Christ bist. Und ich bin sicher nicht der Einzige, der es weiß. Du bist anders als der Rest von uns. Man sieht es dir an, dass du von hier bist, aber irgendwie nicht mehr dazugehörst!"

Nasiry zeigte keinerlei Reaktion. „Ich bin ein Afghane, genau wie du", erwiderte er.

Das Gespräch begann heikel zu werden. Es war gefährlich, ihm zu vertrauen. Aber Nasiry lenkte das Gespräch elegant auf die Erfahrungen des jungen Mannes. Er sprach ausführlich und schien tatsächlich aufrichtig zu sein. Eine Seele auf der Suche nach Antworten. Also gab er ihm den Kontakt eines Freundes. Ein Gemeindemitglied, das die Familie des Jungen besser kannte. Es war die richtige Entscheidung gewesen: Der junge Mann erschien tatsächlich nicht zum nächsten Treffen, was bedeuten konnte, dass er ihnen nicht vertraute. Er wollte niemanden mehr sehen. Er hatte Angst.

In den nächsten Tagen hatte Nasiry viel zu tun und das Treffen schon wieder völlig vergessen, als er eines Morgens beim Verlassen des Hauses den jungen Mann wieder traf. Er war noch nervöser als beim letzten Mal. Er sah aus, als hätte er seit Tagen nicht wirklich geschlafen.

„Bitte, Nasiry, hilf mir. Ich bin nicht hier, um dich in Schwierigkeiten zu bringen. Ich brauche nur das Buch. Hilf mir!"

Nasiry schob ihn ruppig aus dem Weg, als wolle er ihn loswerden. Aber gleichzeitig flüsterte er ihm Folgendes zu: „Du bekommst es. Komm morgen früh wieder. Bring mir eine Tüte mit frischem Brot."

Als er ihn in diesem trostlosen Zustand sah, entschied er sich dafür, ihm zu helfen. Sein Grund für diesen Entschluss war die Gewissheit, dass er auf der Welt war, um Menschen zu Christus zu führen. Trotzdem wollte er nicht, dass der Junge dachte, er hätte die Bibeln zu Hause. Deshalb bat er ihn, am nächsten Tag wiederzukommen, was der junge Mann auch tat.

Nasiry begrüßte ihn mit ausladenden Gesten und machte eine große Show daraus. Der Junge hielt den Beutel mit Brot in der Hand. Nasiry hatte ebenfalls einen Beutel mit Süßigkeiten befüllt, an dessen Boden sich ein kleines Päckchen befand. Sie tauschten die Beutel aus und bedankten sich aufwendig. Der Junge befühlte die Tüte und erkannte die Form eines Buches. Sie verabschiedeten sich mit einer weiteren Runde guter Wünsche.

Nasiry stieg der Duft von warmem Brot in die Nase, als er die Straße hinunterging. Ein Schauer lief ihm über den Rücken, er war nervös. Alles geschah ungewöhnlich schnell, aber jetzt gab es kein Zurück mehr.

Der Mann aus der Gemeinde, der die Familie des Jungen gut kannte, rief Nasiry an und warnte ihn. Dem jungen Mann war etwas passiert. Er lag im Krankenhaus. Nasiry ging das Risiko ein, ihn dort zu besuchen, so wie er auch andere Patienten dort besuchte. Erst als er sicher war, allein zu sein, betrat er das Stationszimmer.

Es gab acht Betten, in sechs davon lagen schlafende Patienten. Er brauchte eine Weile, bis er ihn erkannte. Er lag auf den Laken eines Bettes im hinteren Teil des Raumes, in der Nähe eines vergitterten Fensters. Sein Gesicht war entstellt, die rechte Hälfte blau verfärbt und ein Auge zugeschwollen. Sein Kopf war mit einem Verband wie ein Turban umwickelt worden und beide Arme waren eingegipst.

„Bruder …“, murmelte der Junge.

Nasiry zuckte zusammen, weil er dachte, er würde schlafen. Er schaute sich um. Niemand konnte ihrem geflüsterten Gespräch zuhören. Nasiry legte eine Hand auf sein Bein und sah ihn mitleidig an.

„Wie fühlst du dich?“, fragte er ihn leise.

„Sicher“, murmelte der junge Mann und versuchte zu lächeln. In seinem geschwollenen Mund fehlten einige Zähne.

„Sicher durch den, der mich gerettet hat“, wiederholte er, während Tränen an seiner Schläfe entlangrollten. Langsam, mit vielen Pausen, erklärte er Nasiry, was in den vier Wochen seit ihrer Begegnung geschehen war.

Er hatte das Buch gelesen. Und es hatte sein ganzes Denken auf den Kopf gestellt und neu ausgerichtet: Alles, was er bisher über die Welt, die Zukunft und über Gott geglaubt hatte. Er hatte ganze Nächte lang gelesen und geweint. Ein Rausch unbändiger Freude hatte ihn dazu gebracht, seinem besten Freund zu erzählen, was er erlebt hatte. Am nächsten Tag stellten seine Taliban-Brüder ihn vor seinem Haus zur Rede. Sie beschuldigten ihn, ein Ungläubiger zu sein, ein Heide, ein verdammter Verräter. Der Anführer der Gruppe fragte ihn, ob er das Buch der Götzendiener lese. Er antwortete trotzig: „Geht in mein Haus und sucht doch danach. Wenn ihr es findet, könnt ihr mich ja töten!“

Das ließen sie sich nicht zweimal sagen. Sie stürmten in sein Haus und stellten alles auf den Kopf. Sie zertrümmerten Möbel und Geschirr, aber statt ihren Zorn zu lindern, befeuerte die Suche nur ihren Hass. Also verprügelten sie ihn und fesselten ihn an den Füßen kopfüber an einen Balken, um ihn weiter zu misshandeln. Nachdem sie ihn wieder losgebunden hatten, wurde er unter den neugierigen Blicken der halben Nachbarschaft durch die Haustür geschleift. Sie ließen die Tür immer wieder zuknallen, erst gegen den einen Arm, dann gegen den anderen.

Seine Arme waren an mehreren Stellen gebrochen, genauso wie einige Rippen, sein Kiefer und der rechte Wangenknochen. Er hatte Schnitte und Wunden am ganzen Körper.

„Vergib ihnen", sagte Nasiry mit Tränen in den Augen. Denn er wusste, dass es nicht mehr viele Gelegenheiten geben würde, mit diesem Jungen zu sprechen. „Vergib ihnen. Lass nicht zu, dass der Feind Hass in deinem Herzen sät. Sie wissen nicht, was sie tun. Erinnere dich an die Worte unseres Herrn am Kreuz", erklärte er.

Der Junge lächelte wieder und weinte. „Das habe ich schon getan."

Er erzählte Nasiry, dass er aus der Stadt wegziehen würde. Sie hatten ihm gesagt, er solle verschwinden, und er würde gehorchen. Er habe Verwandte im Norden und werde dorthin gehen, um sich zu erholen und neu anzufangen. Um wiedergeboren zu werden, sagte er und betonte die letzten Worte besonders.

„Sie haben sie nicht gefunden, Bruder. Und sie wissen nichts von dir", versicherte er ihm schließlich und schloss erschöpft sein gesundes Auge. „Ruh dich aus, mach dir keine Sorgen um mich. Ich werde für dich beten, mein Bruder. Ich werde für dich beten."

Nasiry stand noch ein paar Minuten lang da und betete still.

„Wir werden als Schafe betrachtet, die auf dem Weg zum Schlachter sind", sagte er zu sich selbst, als er wenig später die Wachmänner am Eingangstor des Krankenhauses passierte.

Später erfuhr er, dass der Junge entlassen wurde und tatsächlich aus der Stadt weggezogen war. Er sah ihn nie wieder.

Etwas mehr als zwei Monate später klopfte es eines Abends wieder an seiner Tür. Es kam ihm nicht seltsam vor, da in seinem Haus ein ständiges Kommen und Gehen herrschte. Aber die Tageszeit war ungewöhnlich und er war nicht vorgewarnt worden. Er öffnete vorsichtig die Tür, nachdem er im Gebet Gott sein Leben und das seiner Liebsten anvertraut hatte. Es war wieder der Mudschahedin. Er war alleine oder zumindest sah es so aus.

Aus irgendeinem Grund – Angst, Müdigkeit oder Überraschung – zögerte er diesmal, ihn hereinzulassen. Dem Guerilla entging sein Zögern nicht. Diese Soldaten konnten Menschen mindestens genauso gut lesen, wie Raubtiere Angst riechen können.

Also ergriff er die Initiative und überraschte Nasiry, in dem er einfach ins Haus platzte, während er hastig eine Begrüßungsfor mel murmelte.

„Salam aleikum, Dr. Nasiry."

„Aleikum salam …", antwortete er und trat verdutzt zur Seite, um nicht von dem Guerilla umgerannt zu werden.

„Bitte geben Sie meiner Frau Zeit, unsere Kinder nach nebenan zu bringen", sagte er instinktiv, ohne den Blick von seinen Händen zu lösen.

Dieser Besuch brachte ihn durcheinander. Es war ein anstrengender Tag im Rehabilitationszentrum gewesen und das darauffolgende Treffen der Gemeinde war immer wieder unterbrochen worden, weil vor dem Haus verdächtige Gestalten gesichtet wurden.

Seine rechte Hand begann zu zittern. Die Angst hatte ihn in einem schwachen Moment erwischt und er konnte seine Gefühle nicht kontrollieren. All das ging ihm durch den Kopf, als der ungebetene Gast zu sprechen begann:

„Dr. Nasiry, ich brauche mindestens zwanzig weitere Bibeln

Ich habe einigen Freunden und Familienmitgliedern von Jesus erzählt und ihnen aus der Bibel vorgelesen. Jetzt sind sie auf dem Weg, Christen zu werden, sie brauchen *das Buch.*" Keine höfliche Vorrede. Er platzte schnurstracks mit seinem Anliegen heraus, als würde er ein Geschoss abfeuern. Er war und blieb eben ein Mudschahedin.

„Ich habe sie nicht", antwortete Nasiry offen und hielt seine rechte Hand hoch. Der Gast verstand. Er lächelte nicht. Und er ließ nicht locker.

„Sie verstehen nicht. Jesus ist mir begegnet. Und ich weiß, wenn das passiert, hat man nur zwei Möglichkeiten: Entweder man ist mit ihm oder gegen ihn. Ich habe meine Wahl getroffen. Ich bin ein Krieger, ich weiß, welche Kriege ich gewinnen kann und welche nicht", seine Augen glühten, seine Zunge klang wie raues Leder. Sein Ton war ernst, er flüsterte nicht, aber es schien, als ob ihm die Worte beim Sprechen Schmerzen verursachen würden. Einen Moment lang dachte Nasiry, er würde anfangen zu bluten.

„Gegen diesen Herrn gibt es keinen Kampf, sondern nur die Kapitulation", sagte der Mudschahedin, hob plötzlich die Hand und packte Nasiry an der Schulter, der nach Luft schnappte und einen Schritt zurückwich.

„Ich hätte Sie schon lange töten können, verstehen Sie das nicht? Sie haben keine Ahnung, wie lange ich Sie schon beobachte, oder? Ich könnte leicht herausfinden, wer Sie mit den Büchern versorgt. Glauben Sie wirklich, ich will Ihnen und Ihrer Familie etwas antun?"

„Der HERR ist mit mir, darum fürchte ich mich nicht; was können mir Menschen tun?"[10], zischte Nasiry, betonte jedes einzelne

---

[10] Psalm 118,6; LÜ

Wort und starrte ihm in die Augen. Irgendetwas in seinem Blick musste sich verändert haben, denn der Mudschahedin ließ seine Schulter los und trat einige Schritte zurück.

„Dr. Nasiry, ich möchte, dass Sie mit mir kommen, wenn Sie können. Sie sollten sehen, was in meiner Familie vor sich geht: Das würde Sie sicher mit Freude erfüllen und alle Ihre Bedenken zerstreuen. Denn ich weiß, Nasiry, dass es genau das ist, wofür Sie wirklich leben." Dieses Mal war seine Stimme warm und herzlich.

Für einen kurzen Augenblick sagte niemand etwas.

„Was mich und mein Haus betrifft, so werden wir dem Herrn dienen"[11], sagte der grimmige Milizionär plötzlich.

Es war, als wäre ein Engel herabgestiegen und hätte Nasirys Herz sanft gestreichelt, sodass ihm in diesem Augenblick die ganze Anspannung bewusst wurde, die in den letzten Tagen seine Gedanken belastet hatte. Er konnte die Tränen nicht zurückhalten, die ihm über die Wangen liefen. Er hob das Kinn hoch und blickte nach oben. Er begann zu murmeln, blies unverständliche Worte in den Raum, er schien zu beten. Sein Gegenüber betrachtete still diese Szene. Seine Worte wurden lauter und nach und nach verständlicher. Er wiederholte immer wieder den gleichen Satz: *„Denn Gott, der da sprach: Licht soll aus der Finsternis hervorleuchten, der hat einen hellen Schein in unsre Herzen gegeben, dass die Erleuchtung entstünde zur Erkenntnis der Herrlichkeit Gottes …* "

„… in dem Angesicht Jesu Christi."[12], beendete der Mudschahedin den Bibelvers.

Es war der Vers, der ihn seit zwei Wochen beschäftigte, und mittlerweile kannte er ihn auswendig. Noch am selben Tag hatte

11 Josua 24,15b; LÜ
12 2. Korinther 4,6; LÜ

er bei einem ihrer heimlichen Treffen eine Auslegung dazu weitergegeben, die auch den Bibelvers beinhaltete, den der Mudschahedin vorhin zitiert hatte.

„Mein Gott hat alles im Griff“, sagte er und wischte sich lächelnd die Tränen weg.

Dann fuhr er fort: „So viele habe ich nicht hier. Ich kann Ihnen acht Bibeln und ein Dutzend Johannes-Evangelien geben.“

„Geben Sie mir, so viel Sie könen. Ich komme sowieso wieder“, antwortete der Mudschahedin. Er lächelte zum ersten Mal und nahm Nasirys Hände, die nicht mehr zitterten.

Und tatsächlich kam er immer wieder mit ähnlichen Anliegen zurück und berichtete, was in seinem Clan vor sich ging. Offenbar hatte er es geschafft einige kleine Gruppen aufzubauen, die sich in Höhlen trafen, um von Jesus zu hören. Er zeigte ihm Bilder auf seinem Handy, auf denen Männer zu sehen waren, die teilweise mit Kalaschnikows bewaffnet auf dem Boden saßen und gebannt zuhörten. Vor ihnen stand der Mudschahedin mit einem Buch in der Hand, das man nicht eindeutig identifizieren konnte. Ehrlich gesagt konnte das alles Mögliche heißen. Aber er stellte die Gruppe mit einem Namen vor, den er vorher noch nie benutzt hatte: *Kirche.*

An einem unbekannten Ort, am Rande des Gebirges, in jahrhundertealten Höhlen, versammelte sich eine Gruppe islamischer Kämpfer, um die Frohe Botschaft von Christus, dem Erlöser, zu hören. Eine Kirche erwachte zum Leben, ein Teil des Leibes Christi, verborgen, heimlich und doch lebendig.

Bei den folgenden Besuchen blieb er länger, stellte Fragen zu komplizierteren Bibelstellen, äußerte Zweifel, die ihn beunruhigten, und nahm Broschüren zu biblischen Themen mit.

Als Nasiry ihn das letzte Mal sah, geschahen zwei wunderbare Dinge:

Erstens zeigte ihm der Mudschahedin einige neue, ziemlich heikle Bilder: Obwohl die Belichtung nicht gut war und die Fotos vermutlich in der Morgen- oder Abenddämmerung aufgenommen worden waren, konnte man deutlich erkennen, wie Männer in Begleitung des Guerillas in einem Fluss untertauchten.

Eine Taufe!

Dann zeigte er ihm ein Video, das Nasiry aus einer Mischung aus Angst und Freude am ganzen Leib zittern ließ. Es war eindeutig die Taufe des Mudschahedin! Dieses Video hätte den Tod vieler Menschen bedeuten können, allen voran des Mudschahedin selbst, aber das schien ihn nicht zu kümmern, so groß war seine Freude.

Was geschah nur in diesem Land?

Was für eine unzähmbare Kraft breitete sich hier aus?

Was für ein unaufhaltsamer Plan war hier im Gange?

„Kirche! Kirche! Kirche!“, wiederholte der Krieger immer wieder und deutete auf das Video.

Die zweite wunderbare Sache bei ihrem letzten Treffen war eine Bitte des Mudschahedin. „Bruder Nasiry, ich habe noch nie das Abendmahl gefeiert“, sagte er mit einem Anflug von Trauer in der Stimme.

„Und was hält uns davon ab, das jetzt und hier zu tun?“, antwortete Nasiry lächelnd.

Kamila durfte das Wohnzimmer nicht betreten. Tatsächlich traf sie den Mudschahedin kein einziges Mal, obwohl sie sich im Nebenzimmer aufhielt. Auch wenn ihr Haus für viele ein Zufluchtsort darstellte, waren sie immer noch in Afghanistan: Die Treffen fanden immer getrennt statt, auch aus Sicherheitsgründen.

Sie bereitete ein großes Tablett vor, mit Datteln und Süßigkeiten auf der einen Seite und gefüllten Teigtaschen und einem großen Fladenbrot auf der anderen. In der Mitte der Traubensaft in zwei kunstvollen Bechern und etwas Vollkorn-Brot, bereit, gebrochen zu werden. Ein Krug mit Tee und den dazugehörigen Gläsern machte das Mahl komplett.

Nachdem Nasiry das Tablett vor ihnen auf den Tisch gestellt hatte, sprach er ein Gebet, segnete das Essen und reichte es dem Gast. So begannen sie zu essen und unterhielten sich angeregt über das Wesen von Jesus, ohne dabei ein einziges Mal zu erwähnen, wie unterschiedlich er im Islam dargestellt wird: Tatsächlich ging es bei den Treffen nie um diesen Aspekt. Alles drehte sich um Christus als den einzigen Weg, die Wahrheit und das Leben. Die Unterschiede zwischen den beiden Religionen spielten nie eine Rolle.

Nach etwa vierzig Minuten, in einem Moment der Stille, holte Nasiry seine Bibel hervor. Er las die Worte des Apostels Paulus aus dem Brief an die Korinther vor, die genau diesem Moment gewidmet waren.

„Denn ich habe von dem Herrn empfangen, was ich euch weitergegeben habe: Der Herr Jesus, in der Nacht, da er verraten ward, nahm er das Brot, …“[13]

In dem Moment, als Nasiry das Wort *„verraten“* aussprach, begann der Mann vor ihm leise zu weinen. Ein Hauch, ein Tropfen des Schmerzes, den Christus an jenem Kreuz erlitten hatte, schien über ihn zu kommen. Seine Schultern sackten nach unten, als ob er vor Schmerz umkippen würde, und er begann zu murmeln: *„Oh mein Herr … mein Herr … mein Herr …* “

Nasiry fuhr bis zum Ende fort, dann betete er von ganzem Herzen, brach das Brot und erhob den Kelch.

Eine heilige Stimmung durchdrang den Raum. Ganz leise konnte man die Seufzer, das Gemurmel und das Schluchzen

---

[13] 1. Korinther 11, 23; LÜ

der beiden Männer hören. Ein Segen erfüllte sie in diesem Moment. Sie weinten und schütteten ihr Herz vor ihrem himmlischen Vater aus. Wie viel Gnade, wie viel Kraft nur in diesem Ritual lag.

Es war das letzte Mal, dass er den Mudschahedin sah. Aber das war keine Überraschung. Jedes Mal, wenn sie sich nach ihren Treffen verabschiedeten, war es ein Lebewohl. Tatsächlich war es mit seinen übrigen Glaubensgeschwistern genauso. Jedes Treffen in der Hauskirche konnte das letzte sein.

Das Netzwerk war inzwischen gewachsen. Er wusste von ähnlichen Treffen in anderen Städten.

„Der Heilige Geist bewegt sich in unserem Land", sagte er gerne zu seiner neuen, wachsenden Familie. Sie sahen sich als Brüder und Schwestern. Nicht nur, weil es so in der Bibel stand, sondern weil sie sich in der Ablehnung miteinander verbunden fühlten, die ihnen von ihren eigenen Familien und Landsleuten entgegenschlug.

Dieses geteilte Schicksal formte ein starkes Band zwischen ihnen. Ein Band, das die Grundfesten der islamischen Tradition erschütterte, ihrer Schmach ein Ende setzte und eine neue Gemeinschaft schuf. Sie waren schließlich von Neuem geboren worden! Deshalb waren sie bereit, sich füreinander aufzuopfern. Diese vollständige Verwandlung wurde zu einer nie versiegenden Quelle der Hoffnung für sie und ihr geliebtes Land.

„Ihr sollt nicht meinen, dass ich gekommen bin, Frieden zu bringen auf die Erde. Ich bin nicht gekommen, Frieden zu bringen, sondern das Schwert. Denn ich bin gekommen, den Menschen zu entzweien mit seinem Vater und die Tochter mit ihrer Mutter und die Schwiegertochter mit ihrer Schwiegermutter. Und des Menschen Feinde werden seine eigenen Hausgenossen sein. Wer Vater oder Mutter mehr

liebt als mich, der ist meiner nicht wert; und wer Sohn oder Tochter mehr liebt als mich, der ist meiner nicht wert.“[14]

Diese Worte aus dem Matthäus-Evangelium waren ein fester Bestandteil der Lehre, die er lebte und den Menschen in seiner Gemeinde predigte; und auch denen, die er zu Leitern der neuen Hauskirchen in anderen Teilen der Stadt ausgebildet hatte. Er benutzte die Verse, um die friedliche Haltung Christi zu erklären. In einem Land, das sich in ständigen inneren und äußeren Konflikten befand, besaß das Schwert eine nur allzu greifbare Bedeutung. Aber auch Schande und Ehrverletzungen waren Dinge, die im Leben der Gläubigen eine wichtige Rolle spielten.

„Die Ablehnung durch unsere Familien ist die Norm im Leben eines Jüngers Jesu. Aber Christus ist nicht gekommen, um uns verwaist und verloren zu lassen, im Gegenteil: Er ist gekommen, um uns eine größere Familie zu geben. Wer Jesus treu ist, weiß, dass seine Schuld beglichen und seine Ehre wiederhergestellt ist. Der Herr Jesus spricht: ‚*Und ich habe ihnen die Herrlichkeit gegeben, die du mir gegeben hast, auf dass sie eins seien, wie wir eins sind.*‘“[15]

Nasiry predigte diese Wahrheiten immer wieder jungen und alten Menschen aus allen Schichten, die sich danach sehnten, Gott kennenzulernen.

Bei den Abendmahlsfeiern hörte man ihn nicht selten darüber sprechen, wie die schmerzhaftesten Tragödien, die unerklärlichsten Schicksalsschläge, die unerträglichsten Schmerzen in Gottes Hand Sinn und Kraft bekommen können. Wie sonst hätte sich eine brutale Kreuzigung in einen überwältigenden Sieg verwandeln können? Bald sollten der gebrochene Körper und das vergossene Blut für ihn nicht nur ein Predigt-Thema sein, sondern gelebte Wirklichkeit werden.

---

[14] Matthäus 10,34-37; LÜ

[15] Johannes 17,22; LÜ

An einem ganz normalen Dienstag war Nasiry auf dem Heimweg vom Rehabilitationszentrum, als ihn das Gefühl beschlich, dass bald der nächste Schritt auf seinem Weg mit Jesus anstehen würde.

„Heide … “, zischte ihm ein Nachbar zu, als er auf der Straße an ihm vorbeiging. Zuerst verstand er nicht, aber er blieb abrupt stehen, als ob er gegen eine Mauer gelaufen wäre. Er drehte sich um und schaute zu dem alten Mann, aber der würdigte ihn keines Blickes. Als er verwirrt weiterging, passierte es wieder: „Heide!“, diesmal lauter, für alle hörbar. Wieder hatte der gleiche Mann, der nun einige Meter entfernt war, es praktisch in den Himmel geschrien, ohne Nasiry anzuschauen. Aber er wusste sofort, dass er gemeint war. Eine Gruppe von Kindern auf der anderen Straßenseite starrte ihn an, lachte und zeigte mit den Fingern auf ihn.

Obwohl er wusste, dass immer mehr Menschen mehr oder weniger ahnten, was in seinem Haus vor sich ging, traf ihn dieses Wort wie ein Schlag ins Gesicht und holte ihn in eine Realität zurück, die er nicht niemals ignorieren durfte.

„Wachet, steht im Glauben, seid mutig und seid stark!“[16], lautete der Text der gemeinsamen Lesung an diesem Tag. Aus irgendeinem Grund kamen ihm Bilder von seiner Flucht mit seiner Mutter und seiner Schwester in den Sinn. Mitten in der Nacht hatten sie aus dem Haus seines Vaters fliehen müssen.

Sei mutig … wiederholte er in Gedanken. Er fasste Mut, schüttelte die finsteren Gedanken ab. Und tatsächlich geschah an diesem Tag ansonsten nichts Merkwürdiges. Um die nächste Etappe auf dem Weg des Glaubens in Angriff zu nehmen, musste er sich mit Judas auseinandersetzen.

Oder besser gesagt, mit EINEM Judas.

---

16 1. Korinther 16,13, LÜ

NUR GOTT WEISS

2000er-Jahre, Kabul, Afghanistan

„Komm nicht nach Hause!"

„Komm nicht nach Hause!", wiederholte eine aufgeregte Stimme am Telefon. Es war ein Freund, ein Bruder, der etwa zwei Jahre zuvor Christ geworden war und nun eine Hausgemeinde leitete. Er sagte nichts weiter und legte sofort auf. Nasiry war wie versteinert. Eben noch hatte er mit einem Patienten gelacht. Dann war er ans Telefon gegangen, obwohl er das während der Sitzungen, in denen er Patienten zum ersten Mal beibrachte, wie man Prothesen benutzt, eigentlich nicht machte. Er wusste aus Erfahrung, dass der erste Kontakt mit der Prothese für den psychischen und physischen Heilungsprozess von entscheidender Bedeutung war. Deshalb versuchte er, eine entspannte, wenn möglich sogar lustige Atmosphäre zu schaffen. Er stand an einem Übungsbarren, und als er seine Hand auf dem Holzstab ruhen sah, wurde ihm schwindelig.

Dieser Anruf konnte nur eines bedeuten: Sie waren entdeckt worden. Sie waren auf der Suche nach ihm. Und wer? Er wusste es nicht. Es konnten entweder die Regierungsbehörden sein oder einer der Familienclans, die Mudschahedin oder die Taliban. Er lebte schon eine ganze Weile mit dieser drohenden Gefahr. Schließlich war er wie ein Außerirdischer unter den normalen Afghanen.

Aber jetzt schien alles in sich zusammenzufallen.

Er schaute sich um, suchte nach seltsamen Bewegungen und starrte lange auf die Tür, in der Erwartung, dass der Feind jeden Moment hereinplatzen würde.

„Herr Nasiry?“, hörte er den Patienten fragen.

„Alles in Ordnung?“ Er hatte ihn offenbar schon mehrmals gerufen, man sah ihm wohl an, dass etwas nicht stimmte.

„Oh, ja, sicher, nur ein Schwindelgefühl“, antwortete er fast zu sich selbst.

Er musste wissen, wie es Kamila und den Jungen ging. Er entschuldigte sich und verließ den Behandlungsraum, um zu Hause anzurufen. Ein Mann ging ran, eine unbekannte Stimme.

Instinktiv legte er auf, sein Blut gefror. Panik stieg in ihm auf. Sein Herz begann in seiner Brust heftig zu schlagen. Blitzartig spürte er ein Stechen in seinem fehlenden Bein: ein Phantomschmerz. Sein ganzer Körper sendete scheinbar unkoordinierte Signale aus. Ihm war kalt, übel, er schwitzte und sein Hals war staubtrocken. Wellen von Schwindel durchfuhren seinen Körper. Gänsehaut. Er spürte beides gleichzeitig: Erschöpfung und Adrenalin.

War seine Zeit also gekommen?

Er konnte dort nicht bleiben. Er musste weg. Er wusste nicht, was er tun sollte, aber er musste gehen. Er legte den Kittel ab, zog seine Jacke an und verließ das Zentrum, ohne sich von jemandem zu verabschieden. Nicht einmal vom Arzt, seinem Chef, seinem geheimen Glaubensbruder: Vielleicht würde er ihn nie wiedersehen, zumindest nicht in diesem Leben.

Auf der Straße mischte er sich unter die Leute und folgte dem Strom, ohne eine klare Richtung einzuschlagen.

Er musste nachdenken. So dumm es auch klingen mochte, aber keiner von ihnen hatte überhaupt darüber nachgedacht, was in einer solchen Situation zu tun wäre …

Er und das gesamte Netzwerk von Brüdern und Schwestern waren völlig perplex. Doch es wäre nicht das erste Mal, dass jemand verschwand. Einmal hatte sich ein Gemeindemitglied, das noch relativ neu dabei war, einfach in Luft aufgelöst. Sie hatten die Treffen seiner Hauskirche drei Wochen lang pausiert und darauf gewartet, dass er wieder auftauchte. Sie hatten ihn nie wiedergesehen. Aber für solche Fälle war kein Notfallplan ausgearbeitet worden. Dummheit ist eines der beiden Dinge, die man im Nachhinein am besten erkennt. Das andere sind verpasste Gelegenheiten. Und wenn diese beiden Dinge zusammenkommen …

Er fühlte sich wie von einer unerträglichen Last erdrückt: Es war die Zeit des Feindes, in der dem Bösen Handlungsfreiheit gegeben wurde und dem Königssohn die Gelegenheit, sein Vertrauen auf Gott zu prüfen. Der Ire hatte ihm mehrmals davon erzählt und er hatte es oft mit Kamila und den Brüdern besprochen: Die „Zeit des Feindes" war ein wesentlicher Teil der Nachfolge.

Eine Flut von Gedanken überschwemmte seinen Kopf, sodass er nicht einmal beten konnte, zumindest bis er die Hauptstraße in seiner Nachbarschaft erreicht hatte. In diesem Moment bog ein Jeep um die Ecke, einer von denen, die von Regierungsagenten benutzt wurden. Die Reifen quietschten, als er direkt neben ihm auf dem Bürgersteig zum Stehen kam und dabei ein abgestelltes Motorrad umstieß. Zwei Männer in Zivil stiegen aus, von denen der kleinere eine Pistole in der Hand hielt. Sie waren schnell und entschlossen. Mit wenigen Schritten waren sie bei ihm, packten ihn wortlos und zogen ihn in Richtung des Autos. Nasiry wehrte sich nicht, er hob nur den Kopf und bewunderte den afghanischen Himmel.

Genau in diesem Moment, kurz bevor er auf die Rückbank des Jeeps gestoßen wurde, konnte er wieder beten: *„Aber dennoch: Mitten im Leid triumphieren wir über all dies durch Christus, der uns so geliebt hat."*[17]

---

[17] Römer 8,37; HfA

Dieser Satz schoss ihm durch den Kopf und außerdem die Erkenntnis einer simplen Wahrheit: Nur wer die Schlacht erlebt, kann diese Worte sprechen.

An die Autofahrt hatte er später keine Erinnerungen mehr. Es waren nur surreale Fragmente: die Durchsuchung seiner Kleidung, die mit absurder Höflichkeit durchgeführt wurde, die Tatsache, dass ihm keine Handschellen angelegt wurden, die ausgelassene Stimmung der Beamten, die Witze über Passanten machten, und vor allem immer wieder dieses Wort … *Heide*. So hatten sie ihn genannt. Nasiry, der Heide. Sie sagten es nicht mit Verachtung, sondern eher mit Belustigung. Die anfängliche Schroffheit und die darauffolgende Höflichkeit verwirrten ihn. Er lernte schnell, dass dies eine bewährte Strategie der Offiziere war.

Dann erreichten sie das Gebäude des Innenministeriums: Nasiry war sich dessen sicher, denn er war schon einmal in einem dieser Gebäude gewesen, allerdings aus beruflichen Gründen.

„Bitte steigen Sie aus“, sagte der kleinere Beamte zu ihm, als er die Tür öffnete, fast so, als wäre er ein besonderer Gast. Aber das war er nicht und das wusste er.

Sie betraten das Gebäude mit dem großen POLIZEI-Schriftzug über dem Eingang. Sowohl die Einrichtung als auch die Ausrüstung der Polizisten war in den letzten Jahren offensichtlich modernisiert worden. Am Eingang wurde ihre Ankunft registriert. In diesem Moment wurde ihm klar, dass es ein Fehler gewesen war, keine Fragen zu stellen: Er fühlte sich, als hätte man ihm einen Zettel auf die Stirn geklebt, auf dem stand: „Ich bin schuldig.“

„Entschuldigen Sie, Herr Wachtmeister, aber warum bin ich hier?“ Er versuchte, sein Versäumnis wiedergutzumachen und seine Stimme nicht allzu zittrig klingen zu lassen. Es gelang ihm nicht, das war für alle Anwesenden offensichtlich. Der Beamte hinter dem Schreibtisch am Eingang füllte gerade ein Formular aus: Er antwortete ihm nicht, sondern reichte das Formular dem Beamten rechts von Nasiry, der es mit einer schnellen Handbewegung unterschrieb. Niemand sprach mit ihm: Die Stimmung war wieder umgeschlagen.

Er wurde in ein Büro im Keller gebracht: Sofort erkannte er, dass sich dort Zellen befanden. Ein ganzer Bereich war durch eine Tür mit Stahlgittern versperrt. Während sie hindurchgingen, fiel Nasirys Blick kurz auf das Gesicht eines Gefangenen in der ersten Zelle. Er sah hoffnungslos aus und schaute ihn an, als ob er von Nasiry selbst Rettung erwartete.

Nasiry wurde an das Ende eines Korridors geführt. Ihm blieb nicht einmal genug Zeit, das Schild an der Tür zu lesen, als er sich vor dem Schreibtisch eines glatzköpfigen, dünnen Offiziers mit fahlem Teint wiederfand. Der Mann las seinen vollen Namen und seine persönlichen Daten vor und schloss mit den Worten: „Sie sind ein Heide."

Jetzt war der Ton nicht mehr scherzhaft. Es war eine sachliche Feststellung, so abgeklärt wie ein Schnipsen, mit dem man sich eine Fliege vom Jackenärmel entfernt.

„Sir, ich verstehe nicht, was Sie meinen", begann Nasiry, wurde aber durch eine Handbewegung des Mannes unterbrochen.

„Wissen Sie, warum Sie hier sind?", fragte er ihn.

„Nein."

„Bringen Sie ihn in seine Zelle." Der Offizier beendete das ohnehin kurze Gespräch und wandte sich an einen rechts vom Schreibtisch stehenden Beamten, der Nasiry am Arm packte. Der Griff war wie ein Schraubstock und Nasiry stöhnte auf. Ein anderer Beamter, der ihn zum Büro gebracht hatte, kam hinzu und packte ihn am anderen Arm. Während sie ihn aus dem Raum zerrten, suchte er den Blick des Beamten. „Sir, bitte, ich verstehe nicht, warum bin ich hier?“, wiederholte er, aber niemand hörte ihm zu. Zügig wurde er durch den Korridor geschleift und musste seine Prothese hinterherziehen, um mit dem schnellen Schritt der beiden Beamten mitzuhalten.

Das Geräusch der sich öffnenden Stahltür, die zu den Zellen führte, würde er nie vergessen. Ein Klicken, ein lautes Quietschen und eine Abfolge von schnellem Klackern. Zum Schluss ein dumpfer Schlag. Er würde es unzählige Male hören und in seinem Gedächtnis abspeichern. Es war der Soundtrack, den der Feind für ihn ausgewählt hatte, dachte er bei sich. So hörte es sich an, wenn einem weiteren Königskind die Freiheit geraubt wird.

Die Zelle bestand an drei von vier Seiten aus Mauern und hatte keine Fenster. Der Eingang war eine schmale Metallschiebetür mit einem breiten Gitter in der Mitte, von dem aus man sehen konnte, was auf dem Gang vor sich ging. Zwei Feldbetten und eine dunkle Metalltoilette vervollständigten die Einrichtung. Sein Zellengenosse war ein Usbeke, ein Mann in den Dreißigern mit einer großen Narbe am Halsansatz: Es sah aus, als hätte man versucht, ihm die Kehle durchzuschneiden. Er bewegte sich keinen Zentimeter auf seiner Pritsche, als Nasiry eintrat. Sie nickten sich argwöhnisch zu. Er roch nach Alkohol und sah schwer nach Opiummissbrauch aus.

Nasiry setzte sich auf die Kante der freien Pritsche. Er begann über Kamila und die Jungs nachzudenken. Natürlich hatten sie ihm alles abgenommen: Dokumente, Geld und Handy. Er konnte nichts tun. Der Gedanke, Anzeige zu erstatten, verschwand in dem Moment aus seinem Kopf, als er sah, wie der Beamte, der ihn am Eingang der Polizeiwache durchsucht hatte, seine Sachen auf den Schreibtisch des Mannes legte, der die Formulare ausfüllte. Nur seine Papiere, sein Mobiltelefon und die leer geräumte Umhängetasche waren zu sehen. Er hatte natürlich nichts anderes erwartet. Dies war nicht mehr das Land von Recht und Ordnung. Es war das Land der Beziehungen und Gefälligkeiten.

Bei der Polizei war Korruption allgegenwärtig. Nur wenn man irgendjemanden kannte, durfte man hoffen. Aber selbst, wenn er jemanden gekannt hätte, hätte das nicht viel geholfen. Sein Verbrechen war unentschuldbar: Er war ein Murtad (Abtrünniger) – der Inbegriff des Verrats!

Nasiry stützte seinen Kopf auf die Hände und fühlte sich erneut von der Last seiner Gedanken erdrückt. Ihm wurde klar, dass es das Warten war, die Ungewissheit darüber, was passieren würde, was ihn in einen Sumpf von giftigen Gedanken zog.

Der Zellengenosse bewegte sich plötzlich. Nasiry sprang auf die Beine. Der Usbeke hatte sich aufgesetzt und sah ihn lachend an. „Du wirst nicht lange im Gefängnis überleben, wenn du dich so anstellst", sagte er mit Verachtung in der Stimme. „Du musst einer von denen sein, die behaupten, sie seien unschuldig."

Nasiry antwortete nicht. Er stand einfach an der Tür. In diesem Moment schreckte ihn eine Stimme vor der Zellentür auf. „Du da, Hände an die Wand. Zellenwechsel", befahl ein Wärter. Nasiry zögerte verwirrt, unsicher, wem der Befehl galt. „HÄNDE AN DIE WAND!", brüllte der Wärter noch mal, wobei Spucketropfen in Richtung Nasiry flogen. Er gehorchte ängstlich. Der Wärter öffnete die Tür, kam herein, legte ihm ruppig Handschellen an, zerrte ihn wie einen Sack Kartoffeln hinaus und schloss die Zellentür wieder. Er brachte ihn nicht weit weg. Nasiry wurde in eine größere Zelle gebracht, in der sechs andere Gefangene untergebracht waren. Es war die gleiche Art von Zelle, nur viel heißer und durchdrungen von einem stechenden Geruch nach Schweiß und Urin. Er landete vor den Füßen eines Mannes. „Verpiss dich, du Krüppel!"

Nasiry saß in einer Ecke und beobachtete seine neuen Zellengenossen. Niemand schien sich für seine Anwesenheit zu interessieren: ein Luxus, der allerdings nur einen Tag lang andauerte. Denn schon am nächsten Morgen würde er sich in dieser Zelle einen Namen machen.

Es wurde ihm nicht gestattet, mit jemandem zu telefonieren. Auch wurde ihm nicht mitgeteilt, warum er verhaftet worden war. Nach ein paar Stunden versuchte er, von einem etwas freundlicher aussehenden Wärter zu erfahren, wie es hier im Gefängnis normalerweise ablaufe und wann er jemanden anrufen könne. Der Wärter schaute kurz hoch, zündete sich eine Zigarette an, grinste und antwortete nicht.

Inzwischen war es Abend geworden. Das Essen, das man ihm gebracht hatte, hatte er nicht angerührt, und so hatte es sich ein anderer Häftling geschnappt, ohne zu fragen, ohne sich zu bedanken. Der Wirbelsturm an Gedanken, der in Nasirys Kopf tobte, hatte sich ein wenig beruhigt. Oder besser gesagt: Er hatte es geschafft, die Gedanken zu zähmen und sich auf eine konkrete Frage zu konzentrieren: Wie oft waren eigentlich die Jünger im Gefängnis gewesen?

Er dachte an die wundersame Flucht von Petrus und an die von Paulus und Silas und dankte Gott für diese wunderbaren Beispiele seines Eingreifens. Er lächelte, als er sich daran erinnerte, wie der Apostel Paulus sich manchmal in seinen Briefen vorstellte: *Paulus, Gefangener Jesu Christi …*

Denn so fühlte sich Nasiry. Aber nicht erst seit dem Moment, als er diese Zelle betrat, sondern von dem Augenblick an, als er Jesus sein Leben übergeben und zugelassen hatte, dass der schwankende Schutzwall all der Konventionen und Traditionen endgültig in sich zusammenstürzte.

Er versuchte sich zu erinnern, wie oft Paulus sich selbst so genannt hatte, aber er hatte keine Ahnung. Doch während er darüber nachdachte, erinnerte er sich an etwas anderes, das ihm in der Vergangenheit immer wieder Freude bereitet hatte:

„Deshalb sage ich, Paulus, der Gefangene Christi Jesu für euch Heiden …"[18]

Der Missionsdienst des Paulus unter den Heiden, unter denen, die nicht zum jüdischen Volk gehörten, hatte ihm Mut gemacht, seit er zum ersten Mal in Kurts Wohnung davon gehört hatte. Er konnte sich aber nicht mehr erinnern, ob der Arzt oder Kurt davon gesprochen hatte. Die Tatsache, dass die Vision Jesu ALLE Völker umfasste, befeuerte seine Vorstellungskraft weit hinaus über alles, was ihm bekannt oder menschlich machbar war … *bis an die Enden der Erde.* Er war überzeugt davon, dass die ganze Welt mit der Botschaft Christi von Frieden, Liebe und Vergebung erobert werden konnte.

Es war, als würde ein ganzer Teil seines Wesens ausbrechen wie ein Vulkan. Ein Teil, den er bisher unterdrückt hatte, weil er nicht in sein Leben zu passen schien.

Ein kraftvolles Aufblühen …

Denn wenn wir uns fühlen, als befänden wir uns am dunkelsten Ort unserer Seele, dann können wir entweder glauben, dass man uns begraben hat oder dass wir eingepflanzt wurden. In dieser Nacht, in der halbdunklen Zelle, entschied sich Nasiry einmal mehr für Letzteres.

Er machte die ganze Nacht kein Auge zu. Im Licht dessen betrachtet, was am nächsten Morgen und in den folgenden sechs

---

[18] Epheser 3, 1; LÜ

oder sieben Tagen geschehen würde, sollte sich das als verpasste Gelegenheit erweisen. Er hätte gut daran getan, noch ein wenig Kraft zu tanken.

Aber ein Nachfolger Jesu braucht Zeit, um seine Aufmerksamkeit von der Frage „Warum passiert mir das hier alles?" umzulenken auf „Mein Vater, wie kann ich diese Situation nutzen, um dir zu dienen?". Nasiry wusste das sehr gut. Wie oft hatten sie in den letzten Jahren über den Preis der Nachfolge gesprochen! Die Gespräche mit dem Iren hatten Nasiry immer wieder überrascht, wenn er von der *Kirche* im Westen berichtete.

„Nasiry, wir gehen in die Kirche", wiederholte er oft. Das Konzept, in die Kirche zu „gehen", statt Kirche zu „sein", war für Nasiry anfangs schwer zu begreifen. Und doch konnte er es einordnen, wenn er es mit dem Islam verglich, mit dem Besuch der Moschee und all den anderen Gepflogenheiten. Aber er mochte diese Vergleiche nicht, es war ihm immer unangenehm. Es war, als ob er die christliche Idee von Kirche nicht mit anderen Konzepten und Sichtweisen beschmutzen wollte.

Der Ire ermahnte ihn deswegen und sagte, dass er nichts zu befürchten habe. Sein Glaube sei ein reflektierter Glaube, den man immer wieder infrage stellen durfte. Kein dogmatischer Glaube.

Als er ihm bei einem solchen Gespräch einen Cartoon der *Peanuts* zeigte, brüllten beide vor Lachen. In dem Comic entdeckt Charlie Brown, dass Snoopy ein Buch über Theologie schreibt, und fragt ihn, ob er schon einen Titel habe. Daraufhin meint Snoopy, er habe den perfekten Titel: „Ist es dir jemals in den Sinn gekommen, dass du dich irren könntest?"

Die Tatsache, dass die Gläubigen auf dem Weg der Nachfolge alle an unterschiedlichen Stellen standen und unterschiedliche Fragen und Herausforderungen erlebten, verlieh der Gemeinschaft, dem Leib Christi, nur noch mehr Bedeutung. Für die

Christen genauso wie auch für den Rest der Welt. Das Wichtige war, sich im Licht der Prüfungen und Entwicklungsphasen, die zur Geschichte der Kirche gehören, immer wieder selbst zu hinterfragen.

Diese Nacht war wichtig, damit Nasiry seine Gedanken sortieren und sein inneres Gleichwicht finden konnte, um für die nächsten Tage gewappnet zu sein. Alles begann gegen zehn Uhr morgens. Ein Wachmann holte ihn ohne Vorwarnung ab. Zwei andere Beamte folgten dicht dahinter.

„Allah sei mit dir", sagte einer der Häftlinge in seiner Zelle zu ihm und starrte ihn an, als sie ihn regelrecht durch die Tür zerrten. Sie gingen durch die große Metalltür, die beim Öffnen und Schließen ihre charakteristische Melodie erklingen ließ.

Er wurde wieder vor den Beamten geführt, dem er schon gestern begegnet war. Seine Gesichtsfarbe hatte sich nicht verbessert. Der Raum war jedoch nicht derselbe: Dieser hier war quadratisch, kleiner und schmaler, ein einziger, kahler Schreibtisch in der Mitte, dahinter ein abgenutzter Drehstuhl und ein weiterer Stuhl mit Armlehnen. Die stickige Luft roch nach Schweiß und Menschen. Der Beamte blieb sitzen, als Nasiry hereingeführt wurde, und hantierte mit einer Akte und einem Stift herum. Es gab keinen Computer, keine Bücher, keinen Stifthalter, nur ein kleines Tonbandgerät: Das war kein normales Büro.

„Alles klar, du bist also ein Christ, ein Heide, ein Abtrünniger ...?", fragte er und rückte seine Brille zurecht.

„Wer hat Ihnen das gesagt?", versuchte es Nasiry mit einer Antwort.

Er spürte erst den Luftzug und dann den Schlag eines Stocks, der ihn im Nacken traf. Er wurde nach vorne geschleudert und schlug mit der rechten Schulter gegen den Schreibtisch. Er hatte kaum Zeit, in sich zusammenzusacken. Die Wärter zogen ihn hoch, drückten ihn auf den Stuhl und fixierten seine Arme mit Kabelbindern am Stuhl. Nasiry keuchte lautlos und atmete mühsam. Der Schmerz breitete sich von seinem Kopf über die Schultern bis in den unteren Rücken aus. Einer der Wachmänner hatte ihn mit einem Holzknüppel geschlagen.

„Wir wissen, dass du den Geist anderer Menschen mit dem Schmutz der Ungläubigen vergiftest. Dass du christliche Bücher verschenkst", sagte der Beamte ruhig.

Es gab also einen Judas. Sie schienen viele Dinge zu wissen. Nur jemand, der selbst an den Treffen teilgenommen hatte, wusste über bestimmte Details Bescheid.

„Und wir wissen, dass du dein Haus zu einer Verräterhöhle gemacht hast. Wir haben auch deine Frau befragt", und während er diese letzten Worte sprach, begann er am Tonbandgerät herumzufummeln. Er spielte eine Aufnahme ab, auf der die herzzerreißenden Schreie einer Frau zu hören waren, während ein Mann sie anschrie. Das dumpfe Geräusch von Schlägen war deutlich zu hören. Nasiry begann zu weinen. Obwohl diese Schreie von jedem hätten stammen können, obwohl ihm irgendetwas sagte, dass das nicht Kamila war, brach er allein bei dem Gedanken daran zusammen.

„Nein, nein, bitte, Sir", sagte er weinend. Sie ließen ihn ein paar Minuten lang betteln.

„Fangen wir noch einmal von vorne an: Bist du ein Christ?"

„Ja, ja, das bin ich."

„Wie bist du Christ geworden?"

„Ich habe die heilige Bibel gelesen", antwortete er instinktiv.

Die Hölle brach los. Es war, als wäre der Raum von einer schäumenden Welle der Wut überschwemmt worden. Aus allen Richtungen schlugen sie auf ihn ein: auf Kopf, Arme, Rücken, Bauch. Sie malträtierten ihn mit Fäusten und Tritten, während der vor

Wut kochende Beamte irgendetwas schrie, das Nasiry nicht verstand. Er ging um den Schreibtisch herum, packte Nasiry an den Haaren, riss seinen Kopf nach oben und schrie ihn an:

„Du bist verdammt! Wie kannst du es wagen, dieses Gift HEILIG zu nennen?"

Er spuckte ihm ins Gesicht und gab ihm eine schallende Ohrfeige.

Als sie sich wieder beruhigt hatten, blutete Nasiry aus seinem linken Ohr. Er hatte das Gefühl, dass von seinem Körper nur noch Einzelteile übrig waren. Er stöhnte und weinte. Bilder des Unfalls, der ihn sein Bein gekostet hatte, schossen ihm durch den Kopf.

„Wer hat dir diese Dinge beigebracht?"

„Ich habe sie aus dem Buch der Christen gelernt", schluchzte er.

„Sind es die Ausländer, die du kennst, die dir vom Christentum erzählt haben?"

„Ich kenne Ausländer, ja. Ich kenne einige."

„Haben diese dreckigen Christen dir vom Christentum erzählt?", bellte der Offizier.

„Woher soll ich wissen, ob sie Christen sind oder nicht? Das weiß nur Gott! Nur Gott sieht das Herz des Menschen", stöhnte Nasiry.

Der Offizier nickte lustlos einem Wachmann zu, der sich daraufhin vor Nasiry stellte und begann, ihn mit gezielten Schlägen zu traktieren. Er hielt ihn an den Haaren fest und schlug ihn mit der Handfläche. Nach ein paar Schlägen traf er ihn am Ohr, sodass er bewusstlos wurde. Kurz darauf kam er wieder zu sich, aber das schrille Pfeifen in seinem Kopf übertönte die Worte des Beamten.

Das Verhör war zu Ende. Er wurde durch die Stahltür mit der makabren Melodie zurück in seine Zelle geführt.

Mit dem Gesicht auf dem kalten Steinboden kam er wieder zu sich. Er versuchte, sich zu bewegen, aber sein ganzer Körper pochte vor Schmerzen. Also blieb er einfach liegen. Das Letzte, was er sah, waren die Füße eines Gefangenen, dann wurde er ohnmächtig.

Nach ein paar Stunden kehrten seine Peiniger zurück.

Nasiry lag zusammengekauert wie ein Fötus auf einer Pritsche. Das Klingeln in seinem Ohr war verschwunden. Er hatte die Wunde an seiner Schläfe so gut es ging versorgt und sein Ohr vom Blut gesäubert. Es war nichts gebrochen, er konnte alles bewegen, aber einige Bewegungen bereiteten ihm heftige Schmerzen.

Die anderen Häftlinge hatten ihn in Ruhe gelassen. Das dachte er zumindest, denn er war eine ganze Weile bewusstlos gewesen. Auf jeden Fall hatte ihm niemand geholfen.

Als sie die Zelle betraten, kümmerte sich Nasiry nicht darum. Aus irgendeinem Grund war er sich sicher, dass sie nicht wegen ihm hier waren. Aber ihre Befehle richteten sich ganz klar an ihn. Nasiry stand auf, wobei er leicht schwankte. Diesmal zogen sie ihn jedoch nicht hinter sich her, sondern wiesen ihm die Richtung und ließen ihn selbst gehen. Sie wollten ihn mürbe machen bis hin zur totalen Erschöpfung. Der beste Ausgangspunkt, um die Antworten zu bekommen, die sie hören wollten. Welche das waren, verstand Nasiry in diesem zweiten Verhör.

„Kennst du diesen Mann?“ Der gleiche Raum, das gleiche Personal.

„Ja“, antwortete er. Es war der Anführer der Mudschahedin.

„Woher kennst du ihn?“, fragte der Beamte und legte sein Handy weg, nachdem er ihm das Foto des Mannes gezeigt hatte.

„Sein Gesicht kommt mir bekannt vor.“

Der Beamte nickte und eine Wache kam auf ihn zu. Nasiry hob instinktiv seine Hände über den Kopf und der Offizier packte ihn am Handgelenk und verdrehte es. Er zwang Nasiry nachzugeben, sodass die beiden Folterknechte seine Arme wieder an die Armlehnen fesselten. Der erste Wächter holte schon mit der Faust aus, als Nasiry plötzlich schrie:

„Mein Haus! Er kam zu meinem Haus!" Der Schlag kam nicht.

„Wenn du brav bist, ersparst du dir die Schläge", flüsterte ihm der Wächter zu.

„Ist dir nicht klar, dass wir das alles schon wissen? Diese Zeitverschwendung hier soll dafür sorgen, dass du gefügig wirst. Damit du erkennst, dass du uns so oder so alles sagen wirst, was wir wissen wollen: die Namen der Leute, die dir die christlichen Bücher gegeben haben, die Namen derer, die zu euren Treffen kamen, und sogar die Namen derer, die *getauft* wurden." Der Beamte betonte das Wort *getauft* mit Ekel in der Stimme.

Nasiry begann von seinen Treffen mit dem Mudschahedin in seinem Haus zu erzählen. Die Bibeln erwähnte er nicht. Er beschrieb, wie der Mann eines Tages vor seinem Haus aufgetaucht war und Nasiry um das Leben seiner Familie fürchtete. Er erzählte von den Fragen über Jesus, die ihm der Mann gestellt hatte. Und als er in diesem von Wut und Gewalt erfüllten Raum den Namen seines Herrn aussprach, überkam ihn ein unwirklicher Friede. Er erkannte tief in seinem Herzen, dass er gerade tatsächlich seinen Peinigern die frohe Botschaft von Jesus verkündete.

„Und wenn sie euch hinführen und überantworten werden, so sorgt euch nicht vorher, was ihr reden sollt; sondern was euch in jener Stunde gegeben wird, das redet. Denn ihr seid's nicht, die da reden, sondern der Heilige Geist."[19]

---

[19] Markus 13,11; LÜ

Er versuchte, ein paar Details über den Mann einzustreuen, ohne den Eindruck zu erwecken, wirklich etwas verraten zu wollen. Er ging davon aus, dass der Guerilla außerhalb ihrer Reichweite war, also schien es für ihn unverfänglich, von ihm zu sprechen. Sie ließen ihn reden und nahmen seine Antworten auf.

„Nenne mir die Namen der Ausländer, die dich zum Verräter gemacht haben", forderte der Offizier ihn auf und schaute ihm mit geheuchelter Höflichkeit in die Augen.

„Ich verstehe die Frage nicht, Sir."

Der Schlagstock brach ihm die linke Hand. Er hörte deutlich das Geräusch von zersplitternden Knochen. Doch seine Schreie wurden durch eine Reihe von Schlägen auf Rücken und Brust unterbrochen. Er schrie und schrie und langsam verblasste die Welt um ihn herum. Der Schmerz raubte ihm das Bewusstsein. Aber so unmöglich es auch klingen mag, kurz bevor er das Bewusstsein verlor, kehrte die unwirkliche Ruhe zurück, die ihn wenige Minuten zuvor schon umhüllt hatte.

Der erste Tag im Gefängnis endete damit, dass Nasiry sich mit dem Gesicht zur Wand auf der Pritsche zusammenrollte und seine geschwollene Hand an die Brust presste. Er aß nichts und konnte nicht einmal richtig schlafen. Wahrscheinlich war er wieder ohnmächtig geworden, als er versucht hatte aufzustehen, aber er war sich nicht sicher, ob er das vielleicht nur geträumt hatte.

In der Nacht hörte man ihn weder weinen noch klagen. Der Schmerz hatte langsam nachgelassen und war erträglich geworden, zumindest solange er seine Körperhaltung nicht änderte. Das reichte für den Moment. Was ihn vom Weinen abhielt, war die Erinnerung an diesen seltsamen Moment des Friedens in der Folterkammer. Er hielt ihn für ein Wunder, ein göttliches Eingreifen speziell für ihn. Ein Zeichen, dass der himmlische Vater die Situation im Griff hatte und ihn nicht allein lassen würde.

Und weil Gott ihn seine Gegenwart spüren ließ, war er sicher, dass er dies auch mit seinen Liebsten tun würde.

Er fragte sich schon bald nicht mehr, wen sie außer ihm noch erwischt hatten. Oder auch, wer der Judas in der Gruppe gewesen sein könnte. Stattdessen begann er wieder, für jeden von ihnen zu beten. Er führte sich im Geist jedes einzelne Gesicht vor Augen und vertraute sie Gott an. Eine Ruhe, wie er sie noch nie erlebt hatte, umhüllte ihn in dieser Nacht.

Zu dem Zeitpunkt, als die Wärter lärmend ihre Frühschicht antraten, hatte Nasiry eine Entscheidung getroffen. Eine Entscheidung, für die er den Vater bereits um Vergebung gebeten hatte.

Er beschloss, dass es auf dem Weg der Nachfolge Kreuzungen gibt, an denen keiner der Wege der richtige ist.

Er beschloss, dass an diesen Kreuzungen jeder Nachfolger selbst entscheiden musste, welchen Weg er wählte, und dafür die Verantwortung übernehmen musste.

Sein Tag begann in dem Bewusstsein, dass er sündigen würde.

Nasiry hatte beschlossen zu lügen.

Er aß gekochten Reis mit einer grünlichen Pampe, die alles Mögliche hätte sein können. Sein Mund war bisher heil geblieben und er konnte ohne Probleme kauen und schlucken.

Er stand auf, ohne dass ihm schwindelig wurde. Seine gebrochene Hand hatte er mit dem langen Baumwollstrumpf von seiner Prothese an der Brust festgebunden. Er bemerkte, dass einer seiner Mitgefangenen fehlte: Er fragte nicht nach und niemand sprach mit ihm. Überhaupt sprach niemand in dieser Zelle. Er schaffte es sogar, auf die Toilette zu gehen: ein komplizierter Vorgang, bei dem jeder zuschauen konnte. Die Toilette befand sich in einer Ecke des Raumes, ohne Trennwand, im Blickfeld aller, auch der vorbeikommenden Wachen. Er vermutete, dass die

Verlegung in eine größere Zelle mit mehr Insassen dazu diente, den Mangel an Privatsphäre zu verstärken und ihn noch mehr unter Druck zu setzen. Er irrte sich: Das war nicht der einzige Grund, wie er bald merken würde.

In der Zwischenzeit hatte sich der Schmerz fast in seinem ganzen Körper ausgebreitet und verdrängte alles andere.

Sein Peiniger kam mit einem verschmitzten Lächeln im Gesicht, das ihn wie eine Hyäne aussehen ließ. Er nickte theatralisch mit dem Kopf, während er nuschelnd jeden Einzelnen mit „einen wunderschönen guten Morgen" begrüßte. Er nahm die Schlüssel für die Zelle.

„Bist du bereit für deine Montagssitzung?", fragte er, starrte Nasiry an und brachte damit seine Kollegen zum Lachen.

Er stand auf und versuchte, sich zusammenzureißen, nickte stumm und sah dem Wärter in die Augen. Diese einfache Geste entlockte den anderen Gefangenen ein staunendes Johlen. Er hatte nicht die Absicht, jemanden herauszufordern, aber scheinbar wurde sein Handeln so interpretiert. Und das verbesserte seine Lage nicht unbedingt.

Der Wächter kam wie eine Furie herein, packte ihn an den Haaren und versuchte ihn den Korridor entlangzuziehen. Aber er schaffte es nur, ihn umzuwerfen und einige Meter Richtung Zellentür zu schleifen. Er war zu schwer für ihn. Der Sturz ließ den Schmerz in Nasirys gebrochener Hand wieder aufflammen. Sie zwangen ihn aufzustehen und trugen ihn durch die Metalltür. Wieder untermalt mit diesem makabren Geräusch:

Queeeeeiiiiii, klack, klack, klack, bam!

Als sie den Raum betraten, war ein dritter Wachmann gerade dabei, ein Seil an ein großes, weiß gestrichenes Metallrohr zu binden, das quer über die Decke verlief. Sie stellten ihn vor einen Stuhl, auf dem er erschöpft zusammensackte.

„Oh nein, bitte steh auf", sagte der Beamte über seine Schulter hinweg. Er stand mit dem Rücken zu ihm und schien an irgendetwas herumzubasteln. Dieses Etwas war ein Hundehalsband. Eine Metallkette, die zu einer Schlinge geformt war. Er reichte sie dem dritten Wachmann, der mit dem Seil beschäftigt war. Sie zwangen ihn aufzustehen.

„Wir werden dich heute hängen, Nasiry. Hast du mich verstanden?", sagte er und nickte den beiden Wachen zu, die auf beiden Seiten von ihm standen.

Sie packten ihn an seinen Kleidern und hielten ihn fest. Nasiry wehrte sich und versuchte, sich zu befreien, bis ihn einer von ihnen an der gebrochenen Hand packte: Explosionsartig fuhr ihm der Schmerz durch den Körper, als hätten sie seinen gesamten Unterarm in Brand gesetzt. Er schrie so laut, dass der Wächter seinen Griff lockerte. Dieser Schrei überraschte alle so sehr, dass ein kurzer Moment der Stille folgte. Dann brach der Offizier in Gelächter aus und die Wärter taten es ihm gleich. Alle lachten … alle außer Nasiry.

Es war nur eine kurze Unterbrechung. Dann fuhren sie mit ihrer Prozedur fort: Sie brachten ihn direkt unter das Seil, das von der Decke baumelte und an dessen Ende die Metallschlinge mittlerweile befestigt worden war. Nasiry hörte auf, sich zu wehren, als sie ihn auf einen Stuhl hoben, den sie genau für diesen Zweck dorthin gestellt hatten. Es war wieder diese unwirkliche Ruhe, die ihn überkam, als sein Inneres jede Gegenwehr einstellte. Zwei Wärter hielten ihn fest und der dritte legte Nasiry die Schlinge um den Hals. Er spürte sofort, wie sich das Metall um seinen Adamsapfel zusammenzog: Es muss ein schrecklicher Tod sein, dachte er. Doch er blieb gelassen und ruhig. Wie ein Schaf, das zur Schlachtbank geführt wird.

„Wir werden dich heute hängen und niemand, niemand wird

auch nur eine einzige Träne für dich vergießen, denn niemand wird es je erfahren."

Vergib mir Vater …

„Ich werde ihnen alles erzählen, was sie wissen wollen", murmelte Nasiry, mit weit aufgerissenen Augen. Seine Stimme klang rau durch den Draht, der ihm die Kehle zuschnürte.

„Was hast du gesagt? Ich habe dich nicht verstanden!", erwiderte der Beamte theatralisch.

„Ich werde Ihnen alles sagen, was Sie wissen wollen", wiederholte Nasiry, dieses Mal lauter, aber immer noch ruhig und direkt.

Und tatsächlich begann Nasiry zu sprechen. Er nannte Vornamen, Nachnamen, gab Adressen an. Alle erfunden. Alle falsch. Er machte präzise Angaben und dachte sich alle möglichen Details aus, um von den Menschen und Orten abzulenken, um die es eigentlich ging.

Er weinte, während er sprach. Und das überzeugte den Beamten, dass er tatsächlich die Wahrheit sagte. Aber er hatte gelogen. Und das war der eigentliche Grund für seine Tränen.

Aber auch das würden sie bald herausfinden.

Sie brachten ihn zurück in seine Zelle, ohne ihm ein Haar gekrümmt zu haben. Damit wollten sie ihm zeigen, dass die Schmerzen aufhören würden, wenn er die Fragen beantwortete: eine einfache und verführerische Logik, die unerfahrene Folterknechte immer vergessen, wenn sie von der Wut gepackt werden. Aber dieser Offizier war nicht unerfahren.

In seiner Zelle, in den ruhigsten Stunden, musste Nasiry oft an ihn denken. An sein kränkliches Gesicht, an diese sadistischen Augen, den blinden Hass, der aus ihnen hervorblitzte. Er betete für ihn, dass Gott diesen Hass in Liebe verwandeln möge. Dieses Land brauchte dringend Männer des Friedens, Männer, die lieben konnten. Jahrelang war die Gesellschaft in Afghanistan damit beschäftigt gewesen, sich gegenseitig zu zerfleischen, ganz wie bei einem *Buzkashi*-Wettkampf. Weisheit schien ein seltenes Gut zu sein, nicht einmal die Alten besaßen sie noch. Sie verloren sich selbst in den Erinnerungen an vergangene Zeiten und in Hasstiraden gegen die neue, jüngere Generation. Und wie man weiß, haben Liebeserklärungen gerade in dunklen Zeiten, wenn sogar die Weisen von Zweifeln geplagt werden, eine ungeheure Macht.

Nasiry verbrachte einen ganzen Tag damit, sich zu erholen. Er schlief sehr viel. Er war erschöpft.

Seine Gebete drehten sich mal um ihn selbst, mal um seine Liebsten und mal um Christen, die er kannte.

Er nutzte dafür die Gebetszeiten, die von einem Muezzin ausgerufen wurden und dessen Rufe von Lautsprechern verstärkt durch die Gänge des Gefängnisses hallten. In der übrigen Zeit schlief er. Es war eine kostbare Zeit, in der er wieder und wieder um Vergebung für seine Lügen während des Verhörs bat. Er hatte gelernt, was die Heilige Schrift über Vergebung sagte und dass sie unverrückbar war, wenn sie von Gott kam. Aber er bat darum, dass sein Herz und sein Verstand diese Wahrheit auch voll und ganz begreifen und spüren konnten. Und genau das geschah. Eine wohlige Wärme durchströmte seinen Körper und Nasiry weinte vor Freude.

Am nächsten Tag, etwa eine Stunde nach dem Mittagessen, änderte der Feind seinen Kurs.

Er hatte ihn nicht bemerkt, obwohl er schon seit einigen Minuten dort stehen musste. Es waren die Bewegungen der anderen Insassen, die seine Aufmerksamkeit erregten: einer nach dem anderen setzte sich aufrecht hin. Nasiry hob den Kopf und sah den Offizier in Zivil, ohne Uniform, allein. Er starrte ihn an.

„Ihr seid hier, weil ihr gegen das afghanische Recht verstoßen habt", begann er mit fester Stimme, wobei er Nasiry ansah, sich aber an alle wandte. „Diebe, Drogensüchtige, Menschenhändler und Mörder. Ihr seid hier drin, weil ihr gegen das afghanische Gesetz verstoßen habt", wiederholte er mit noch mehr Verachtung in seiner Stimme. „Du hingegen", sagte er und deutete auf Nasiry, „du bist hier, weil du ein Lügner bist. Du bist hier drin, weil du ein Verräter bist. *Ridda* … deshalb bist du hier!"

Einen Moment lang herrschte Stille, dann begannen einige Häftlinge zu tuscheln. Die Farce war vorbei. Sie hatten seine Angaben überprüft und die Ungereimtheiten entdeckt.

„Dieser Mann ist ein Ungläubiger. Dieser Mann hat Allah und seinen Propheten verraten. Er hat den Leuten mit dem Buch nicht nur zugehört, sondern er ist einer von ihnen geworden." Das Gemurmel um ihn herum wurde lauter. „Nicht nur das, er hat sogar ihr Buch an andere verteilt." Das Gemurmel entwickelte sich zu einem lauten Stimmengewirr. „Außerdem hat er sogar den Verstand unserer muslimischen Brüder vergiftet, sie vom Islam weggetrieben und sie in die ewige Verdammnis geführt. Er ist eine Schande für unsere Nation, eine Schande für unseren Glauben, eine Schande für seine Familie!", rief der Offizier über die Stimmen hinweg, die nun auch aus den Nachbarzellen kamen.

„Ihr fünf bekommt am Ende des Tages jeder eine Schachtel Zigaretten und eine Stunde mehr Frischluft, wenn ihr diesem Herrn erklärt, was die Scharia für Abschaum wie ihn vorsieht." Ein Aufruhr brach aus. Die Insassen schrien aus allen Zellen, schlugen mit den Händen gegen die Gitterstäbe und spuckten auf den Gang.

„Allahu Akbar!", riefen sie nun unisono. Der Lärm, der durch die Zellen und Gänge verstärkt wurde, ließ Nasirys Trommelfelle vibrieren.

„ABER!“, bellte der Offizier und die Schreie verstummten langsam. „Aber wenn er stirbt, wenn dieser degenerierte Mann stirbt, dann bekommt ihr nichts. Im Gegenteil, ihr werdet hart bestraft werden. Der Verräter kommt an den Galgen und das werdet ihr ihm doch wohl nicht ersparen wollen! Ist das klar?“

Einige Häftlinge in Nasirys Zelle nickten, aus anderen Zellen hörte man wieder neue Beschimpfungen.

„Also viel Spaß, aber seid vorsichtig. Die Zigaretten liegen schon bereit“, sagte er und zeigte auf einige Schachteln, die auf einem kleinen Tisch in der Nähe lagen. Dann verschränkte er die Arme und wartete.

Keiner rührte sich. Nicht einmal Nasiry, der auf der Pritsche sitzen blieb und seine Zellgenossen anstarrte. Dann stand der Größte von ihnen auf, ging auf ihn zu, packte ihn wortlos am Kragen und warf ihn in die Mitte der Zelle. Nasiry stürzte zu Boden und versuchte, so gut es ging, seine Hand zu schützen.

Drei von ihnen stürzten sich gleichzeitig auf ihn und traten und schlugen auf ihn ein: einige Minuten zuvor waren sie noch gleichgültig und träge gewesen, jetzt hatte der Hass sie gepackt. Nasiry lag in Bauchlage auf dem Boden. Er machte sich so klein, wie er konnte, und versuchte, mit dem gesunden Arm seinen Kopf und sein Gesicht zu schützen. Da packte der Größte von ihnen seinen Arm und schob ihn aus dem Weg. Er begann, ihm mit der Faust ins Gesicht zu schlagen. Nasiry schlug mehrmals mit dem Kopf auf den Boden, dann wurde alles verschwommen. Als er das Bewusstsein verlor, war er sich fast sicher, dass er sich selbst sprechen hören konnte: „Ich vergebe dir.“

Nasiry konnte nicht sagen, wie lange seine Insassen auf ihn einprügelten. Aber er war sich sicher, dass es bestimmt nicht das letzte Mal war. Als er das Bewusstsein kurz wiedererlangte, spürte er eine warme Flüssigkeit auf sein Gesicht plätschern. Als er seinen Kopf drehte, sah er, wie ein anderer Insasse gerade seine Blase auf ihn entleerte. Er wurde allerdings von einem der anderen Zellengenossen zurechtgewiesen, worauf diese Demütigung ein jähes Ende fand.

Nasiry war nicht mehr in der Lage, auf irgendetwas zu reagieren: Er lag völlig ausgeliefert, wie ein nasser, hilfloser Sack, am Boden. Er war nicht einmal in der Lage, zu seiner Pritsche zu kriechen. Er blieb dort liegen, wo er war. Und wenn er gerade nicht bewusstlos war, tat er so, als ob. Das reichte zwar nicht aus, um die Misshandlungen komplett zu vermeiden, aber der Hass seiner Mitgefangenen hatte sich mittlerweile etwas abgekühlt. Jetzt traten sie ihn aus Verachtung. Sie hatten ihm die Prothese abgenommen und in eine Ecke der Zelle geworfen. Der Offizier war nicht mehr da.

In der Nacht, als alle schliefen und sich an die Zigarettenschachteln klammerten, die sie sich an diesem grotesken Tag verdient hatten, rollte sich Nasiry auf den Rücken und machte sich auf den Weg zu seiner Pritsche. Er robbte mithilfe seines Beines und seiner Schultern bis zur Prothese und von dort aus weiter zu seinem Schlafplatz. Mit dieser Anstrengung war auch das letzte bisschen Energie, das noch in seinem Körper übrig war, aufgebraucht. Er spuckte Blutklumpen aus. Einer seiner Eckzähne war lose, bei einem anderen fehlte ein großes Stück. Seine Lippen waren geschwollen und wund. Ein Auge war halb geschlossen. Er schaffte es trotzdem, sich auf die Pritsche zu legen.

Ihm kam ein Gedanke, der ihn mit Freude erfüllte: *„Das, was sie dir angetan haben, Herr, tun sie jetzt auch mir an. Du hast es vorhergesagt. Ich bin nicht überrascht. Ich bin nur erschöpft, oh mein König. Bitte hilf mir, halte sie auf, ich kann nicht mehr. Vergib ihnen, denn sie wissen wirklich nicht, was sie tun.“*

Als er versuchte, die beste Schlafposition für seinen geschundenen Körper zu finden, fragte er sich lächelnd: *„Wie sehr bin ich dir heute ähnlich? Wie ähnlich bin ich dir heute, o mein Jesus?“*
Zwei ganze Tage lang wurde er in Ruhe gelassen. Er versuchte, sich zu erholen. Sicher, hin und wieder spuckte ihn einer der Insassen an oder drohte ihm mit dem Tod. Aber sie rührten ihn nicht mehr an, denn die Wärter machten ihnen unmissverständlich klar, dass die Belohnungen in Form von Zigaretten nur für diesen einen Tag gegolten hatten. Und dass weitere Störungen nicht mehr geduldet seien. Die Insassen aufzustacheln war nie eine gute Idee. Tatsächlich waren während des Freigangs im Hof einige Schlägereien ausgebrochen. Aber Nasiry rührte sich nicht von der Stelle und nutzte die Zeit des Freigangs, um auf die Toilette zu gehen, was eine ganze Weile dauerte. Er trug wieder seine Prothese: Ohne sie fühlte er sich noch verletzlicher. Denn er hatte ja noch nicht mal Krücken dabei. Sie nahmen ihm die Prothese nicht mehr ab, denn ohne sie wurde er für die Wachen zur Last.

Am ersten Tag nach der Prügelei aß er nichts: Er war überfordert und hatte keinen Appetit. Am zweiten Tag schaffte er es aber, etwas herunterzubekommen. Er war sehr schwach und hatte mittlerweile Schwellungen am ganzen Körper. Seit Tagen hatte er sich nicht gewaschen oder rasiert, geschweige denn in den Spiegel geschaut.

„Wie sehr ähnle ich dir heute, o mein Jesus?“, wiederholte er in Gedanken.

„Spinner! Missgeburt! Verräter!“ Das waren nur einige der Worte, mit denen sie ihn beschimpften. Hinzu kamen die typischen Beleidigungen, die sie in der Moschee lernten.

Dann, am Nachmittag des zweiten Tages, riefen die Wärter seinen Namen. Sie hatten einen Rollstuhl dabei, bei dessen Anblick Nasiry zusammenzuckte: Panik stieg in ihm hoch, aber er schüttelte das Gefühl schnell wieder ab. Der Herr ist mein Hirte, sagte er zu sich selbst. Er bat den Heiligen Geist, ihn mit Frieden zu erfüllen. Und als er sich in den Rollstuhl setzte, kam dieser Friede auf wundersame Weise über ihn.

Die Parade durch den Korridor war ein grausames Schauspiel: Aus allen Richtungen wurde er bespuckt und beleidigt. Die Wärter schlugen mit ihren Knüppeln gegen die Gitterstäbe und die Finger der Häftlinge, um sie in Schach zu halten. Sie gingen wieder durch die Tür mit ihrem makabren metallischen Geräusch.

Oueeeeeiiiiii, klack, klack, klack, bam!

Sie brachten ihn nicht in den Verhörraum, sondern in das Büro, das er am ersten Tag seiner Haft betreten hatte. Das Büro des Offiziers. Sein Folterer wartete dort auf ihn zusammen mit einem Mann im Anzug, der einige Papiere in der Hand hielt. Niemand beachtete seinen erbärmlichen körperlichen Zustand.

„Hallo Nasiry, ich bin Ihr Pflichtverteidiger." Es war der Mann im Anzug, der zuerst sprach. „Nennen Sie uns die Namen Ihres Kontaktnetzes, und wir werden Sie noch heute nach Hause schicken. Alles, was Sie tun müssen, ist, dieses Formular zu unterschreiben, nachdem Sie uns die Namen genannt haben", erklärte er ihm in einem respektvollen und ruhigen Ton, reichte ihm ein Blatt Papier und legte es auf den Schreibtisch des Beamten.

Nasiry beugte sich vor, um das Formular zu lesen. Es lag schief auf dem Tisch, er drehte es langsam um. Er begann es zu lesen und erkannte sofort, worum es sich handelte, denn man hatte ihm in der Vergangenheit davon erzählt. Auf dem Papier war ein Geständnis formuliert, mit dem er zugab, dass er von ausländischen Agenten getäuscht worden war, aber mithilfe der Polizei den Irrtum eingesehen hatte und bereit war, dem christlichen Glauben abzuschwören und zum Islam zurückzukehren.

Wieder überkam ihn dieser Friede.

„Ich kann dieses Dokument nicht unterschreiben, Sir. Aber ich freue mich, Ihre Bekanntschaft zu machen“, antwortete er wahrheitsgemäß. Einen Anwalt zu sehen war für ihn ein Zeichen des Himmels. Er hatte sich zwei Tage lang erholen können und nun war jemand da, der dafür bezahlt wurde, ihn zu verteidigen.

„Gott ist gut“, dachte er.

„Geben Sie uns die Namen, dann werden wir über das Dokument nachdenken“, beharrte der Anwalt. Der Offizier stand schweigend da und musterte ihn, obwohl man in seinem Blick jetzt auch einen Funken Respekt für diesen gottlosen Hazara entdecken konnte.

„Ich kann es nicht tun. Ich kann meinen Glauben nicht verleugnen. Ich kann nicht, ich kann einfach nicht“, sagte er und schüttelte den Kopf.

„Verrückter Heide“, zischte der Beamte und wandte seinen Blick ab. „Ist Ihnen klar, dass ich Sie nicht verteidigen kann, wenn Sie nicht unterschreiben?“, fragte der Anwalt.

„Und warum ist das so? Sie haben einen Eid geschworen, alle zu verteidigen“, antwortete Nasiry so freundlich wie möglich.

„Und Sie, Nasiry, wissen sehr gut, dass wir in Afghanistan diese … diese *Situationen* mit der Scharia regeln“, fuhr der Mann fort.

„Ich liebe mein Land. Ich liebe mein Volk. Ich stehle nicht, ich töte nicht, ich kümmere mich sogar um unser Volk, und das wissen Sie.“

„Schluss damit!“, bellte der Offizier. „Gib uns die Namen und unterschreib dieses Dokument, oder du musst es vor einem Richter tun! Und wenn du dich weigerst, wird der Richter dich hängen lassen, du dämlicher, dickköpfiger Hazara!“

„Bringen Sie mich vor einen Richter", sagte Nasiry mit ruhiger Stimme zum Anwalt.

„Wenn Sie das wollen … ", schloss der Anwalt, nahm das Formular zurück und legte es in eine Mappe. Dann verabschiedete er sich von den Anwesenden und ging durch die Tür, ohne ihn noch einmal anzusehen. Es folgten zwei weitere ähnliche Treffen, mit anderen Anwälten, aber mit dem gleichen Ablauf und dem gleichen Ergebnis. Er erfuhr, dass zumindest einige Pflichtverteidiger sich geweigert hatten, ihn überhaupt zu sehen, als ihnen gesagt wurde, worum es in dem Fall ging. Das Treffen mit diesen Anwälten machte ihn auf seltsame Art glücklich. Er hatte das Gefühl, dass Gott die Kontrolle hatte. Und er hatte das Gefühl, in die Fußstapfen des Apostels Paulus zu treten. Aber Letzteres verhieß nicht unbedingt etwas Gutes. In seinem Herzen glaubte Nasiry daran, dass es im Grunde nur zwei Arten von Menschen auf der Welt gab: die freiwilligen Werkzeuge Gottes und die unfreiwilligen Werkzeuge Gottes. Er hatte sich entschieden, welche Art von Werkzeug er sein wollte. Aber das hatten andere auch.

Sie verprügelten ihn nicht mehr. Beim zweiten Treffen mit einem Anwalt wurde er sogar medizinisch versorgt: Sie schienten seine Hand, desinfizierten die Wunden und gaben ihm Schmerzmittel. Ihm war klar, dass diese Behandlung nur eines heißen konnte: Er würde bald einem Richter vorgeführt werden.

„Wo auch immer er ist, Vater, wenn er nicht bei dir ist, bitte beschütze ihn", betete Kamila kniend auf ihrem Bett. Seit Nasirys Verschwinden waren einige Tage vergangen. Sie wusste, dass er von der Polizei mitgenommen worden war. Das gesamte Netzwerk der Hauskirchen hatte die Treffen ausgesetzt, aber alle beteten für Nasiry und seine Familie. Kamila hatte Besuch von einigen Polizisten bekommen, die das Haus durchsucht hatten, ohne etwas zu finden. Sie antworteten ihr nicht, als sie fragte, wo ihr Mann sei. Die Kinder weinten. Es waren schreckliche Tage. Doch immer wieder, mal am Tag, mal in der Nacht, verspürte Kamila einen unwirklichen Frieden: Sie wusste, dass sie in der Hand Gottes geborgen war. Und diese Gewissheit tröstete sie immer dann, wenn ihre Gedanken finster und verzweifelt waren.

Viele Menschen beteten für Nasiry, nicht nur Afghanen. Auch im Rehabilitationszentrum tauchte die Polizei auf, aber die Beamten benahmen sich hier viel höflicher. Sie wollten Nasirys Spind sehen und mit seinem Chef sprechen. Kein Wort über den christlichen Glauben. Auch der Arzt stellte ihnen Fragen, wo Nasiry sei, aber die Antworten blieben vage. Als er klare Informationen verlangte, erinnerten ihn die Polizisten daran, dass sowohl er als auch die NGO, für die er arbeitete, in Afghanistan nur Gäste seien. Mehr nicht.

Kurt und Katerina hatten das Land schon vor einer ganzen Weile verlassen, um sich in ihrem Heimatland anderen Projekten zu widmen. Der Tadschike hingegen war komplett von der Bildfläche verschwunden. Niemand hatte etwas von ihm gehört.

Aber so hoffnungslos die Situation auch schien, die *Kirche* war lebendiger denn je. Männer und Frauen beteten jeden Tag inbrünstig. Es war, als würde sich die Kirche aus der Apostelgeschichte in aller Stille erheben. Die Welt hatte es damals nicht bemerkt und so geschah es jetzt in Afghanistan, wie es sich in jedem Winkel der Erde zugetragen hatte.

Das hier geschah nicht aus der Kraft der Menschen heraus.

Es war Gottes Werk.

Das hätte der Feind wissen müssen.

GERECHTIGKEIT?

Zwei Wochen später, Kabul, Afghanistan

„Ich bin zu einhundert Prozent Christ. Ich glaube an den Sohn des allmächtigen Gottes: Er ist mein Retter und Herr!“

Nasiry trug einen sauberen Anzug und war gekämmt und glattrasiert. Eine Schlinge hielt seinen lädierten Arm, seine Hand war mittlerweile etwas abgeschwollen. Die Spuren der Schläge, die blauen Flecken, konnte man noch deutlich erkennen, aber sie taten immer weniger weh. Er sprach ruhig und selbstbewusst. Er befand sich in einem Raum des Gerichtsgebäudes. Hier sollte er vor einem Richter zu einer Anhörung erscheinen, die erst kurz zuvor angesetzt worden war.

Es war ein ordentlicher Raum, der von Bücherregalen gesäumt war. Vor ihm standen zwei Anwälte und lauschten seinen Worten: „Der einzige Weg zu Gott ist Jesus, unser Erlöser: Er ist der Weg, das ewige Leben und die Wahrheit, die euer Herz sucht“, predigte er.

„Schon gut, schon gut, Nasiry. Sagen Sie mir: Was ist falsch daran, ein Muslim zu sein? Warum zur christlichen Religion konvertieren?“, unterbrach ihn ein Anwalt, der sich Notizen machte. In diesem Raum gab es keine Wachen, keine Schlagstöcke und keine Gewalt.

„Wie könnte ich jemals sagen, dass Muslime böse sind? Ich bin ein Christ, ich bin nicht gegen die Menschheit, ich kann nicht gegen meinen Nächsten sein. Ich bin aufgefordert, meinen Nächsten zu lieben: Muslim, Buddhist, Hindu, Atheist.“ Sie lachten ihn aus. Aber nicht aus Respektlosigkeit, sondern eher aus Verwunderung über seine Sturheit.

„Warum sollte Ihre neue Religion besser sein als der Islam?“, provozierte ihn der größere der beiden Anwälte.

„Die goldene Regel lautet: Liebe deinen Feind wie dich selbst. In welcher Religion findet man so eine Regel? Nur im Christentum!“

„Wollen Sie uns jetzt bekehren, Nasiry? Wollen Sie uns in Ihren Wahnsinn mit hineinziehen?“

„Wenn das der Wille meines Gottes ist, dann soll es so sein“, antwortete er und lächelte breit.

„Nasiry, wir mögen Sie. Unterschreiben Sie das Formular und geben Sie uns ein paar Namen: Was ist schon dabei! Ihre Freunde werden das sowieso erwarten, es ändert nichts, wenn Sie uns ein paar Namen nennen“, versuchte es einer von ihnen.

Einige Augenblicke lang herrschte Schweigen. Nasiry warf nicht einmal einen Blick auf das Formular. Er konnte seine Brüder nicht verraten. Die beiden Männer vor ihm verstanden das und irgendwie hatten sie auch Respekt vor seiner Entscheidung.

„Dann muss der Richter entscheiden. Muss ich Sie daran erinnern, was Sie riskieren?“, fragte ihn der größere Mann mit einem Anflug von Resignation.

„Seien Sie versichert: Ich fürchte nicht diejenigen, die mich töten wollen, denn sie können meiner Seele nichts anhaben.“

Sie standen auf, riefen die Wachen und verabschiedeten sich mit einem Nicken. Nasiry fühlte sich, als würde er fliegen. Er hatte vor einem islamischen Gericht von seinem König gesprochen.

Wohin führst du mich, Vater?

Ein paar Tage später brachten sie ihn zur nächsten Anhörung, die unerwartet stattfand. Er fand sich im selben Raum und nicht im Gerichtssaal wieder. Anwesend waren ein weiterer Anwalt und außerdem der Richter. Er trug einen gepflegten Bart und war elegant gekleidet: Sein Parfüm roch würzig und erfüllte den ganzen Raum. Die Ehrfurcht, mit der sein Pflichtverteidiger ihn ansprach, zeugte von einer gewissen Autorität. Diesmal trug Nasiry Handschellen. Auch das ließ ihn vermuten, dass der Mann, der vor ihm stand, eines der höchsten Ämter hier bekleiden musste.

Als ob ich vor dem Hohepriester stehen würde, dachte er.

Ihm wurde das altbekannte Formular vorgelegt, in dem man dem Glauben an Jesus Christus abschwört und zum Islam als einzig möglicher Religion zurückkehrt.

„Sie glauben also an die Bibel", begann der Mann. „Ich glaube an drei Bücher: den Koran, das Alte Testament und die Evangelien."

Nasiry war überrascht. „Ich glaube nur an zwei davon", antwortete er und lächelte.

Der Richter lachte und schüttelte den Kopf.

„Ich respektiere den Koran, aber ich glaube nicht an ihn. Ich glaube an die Bibel", erwiderte Nasiry und wurde ernster.

„Sie Narr!", schrie der Richter und schlug in einem unerwarteten Wutausbruch mit der Faust auf den Tisch. „Wenn Sie behaupten, nicht an den Koran zu glauben, dann sind Sie dem Tode geweiht!"

Und wieder war da dieser unwirkliche Friede …

„Sie glauben, Euer Ehren, Sie säßen auf diesem Richterstuhl, weil Allah es so gewollt hat. Ich hingegen glaube, dass mein Gott Sie dort hingesetzt hat. Deshalb akzeptiere ich Ihre Autorität und werde jede Entscheidung, die Sie über mein Leben treffen, respektieren."

„Nasiry, unterschreiben Sie das Papier. Kehren Sie zum Islam zurück und gehen Sie nach Hause. Sie sollten nicht im Gefängnis sein. Sie sind eine Bereicherung für das Land."

„Mein Glaube lässt das nicht zu, Euer Ehren."

Der Mann schüttelte den Kopf und drehte einen teuren Stift in seiner Hand.

„Dann werde ich Sie hängen lassen ... Wenn Sie meine ausgestreckte Hand zurückweisen, wird sie zur Hand des Henkers ... Wir werden uns jetzt für eine Viertelstunde zurückziehen. Denken Sie darüber nach. Zwingen Sie mich nicht, Sie zum Tode zu verurteilen", sagte er ruhig und blickte ihm eindringlich in die Augen.

„Foltern Sie mich, hängen Sie mich, richten Sie mich hin, aber ich werde Christus nicht verleugnen. Er allein ist das ewige Leben." Das waren die letzten Worte, die der Richter hörte. Er war bereits an der Tür, dicht gefolgt von dem Anwalt, der Nasiry einen Moment lang anstarrte, bevor er kopfschüttelnd den Raum verließ.

Nach zwanzig Minuten kehrten sie zurück. Sie stellten fest, dass das Formular nicht unterschrieben war.

„Ihnen gehen die Optionen aus, Nasiry", sagte der Richter, als der Anwalt das Formular an sich nahm.

„Ich werde mich auf die internationalen Verträge berufen, die Afghanistan unterzeichnet hat und zu denen es sich verpflichtet hat: Ich weiß, dass einige von ihnen die Glaubensfreiheit in unserem geliebten Land garantieren." Nasiry erinnerte sich noch gut an einen Vortrag, den Kurt zu diesem Thema gehalten hatte.

„Es scheint, dass Sie nicht in Afghanistan leben. Hier ist es die Scharia, die über Ihre Strafe entscheidet, und angesichts der Schwere Ihres Verbrechens wird es unmöglich sein, Sie am Leben zu lassen", schlussfolgerte der Richter und klang langsam ungeduldig.

„Diese Welt gehört dem Satan. Ich bin nicht von dieser Welt.

Sie werden meinen Körper töten, aber mein Geist wird mit Christus gehen", antwortete er ruhig.

Drei Stunden später saß er im Gerichtssaal. Der Verteidiger, dessen Namen er nicht einmal kannte, saß an seiner Seite. Den Vorsitz führte der Richter von vorhin, jetzt in einer engen, schwarzen Robe und mit finsterem Blick.

Die Anhörung war förmlich und ging schnell.

Ein Sekretär verlas die Anklage. Sein Anwalt gab ein paar nichtssagende Phrasen von sich, ohne überhaupt zu versuchen, ihn zu verteidigen. Nasiry durfte nicht sprechen.

Dann wurde dem Richter ein Dokument übergeben und nach einigen Augenblicken verkündete er das Urteil:

„… ich verurteile Sie zum Tod durch den Strang."

Es folgten die Einzelheiten der Hinrichtung. *„Der Termin wird noch bekannt gegeben"*, murmelte der Richter abschließend.

Damit war die Anhörung beendet.

Auf dem Weg vom Gerichtssaal zum Parkplatz, wo ein Polizeiwagen auf ihn wartete, erklärte ihm der Verteidiger, dass das Fehlen eines Vollstreckungstermins eine gute Sache sei: Viele ähnliche Urteile blieben monatelang, manchmal sogar jahrelang in der Schwebe. „In einem Land wie dem unseren kann ein neuer Krieg alles verändern", sagte er ihm unbeholfen.

Nasiry bedankte sich mit einem Kopfnicken. Er war fassungslos, aber immer noch von Frieden erfüllt. Er war sich voll und ganz bewusst, was geschehen war. Er wusste, dass seine Tage gezählt waren. Aber dieser Friede verließ ihn nicht. Er hatte Christus nicht verleugnet und seine Brüder und Schwestern nicht verraten. Und dafür war er Gott unendlich dankbar.

Bin ich dir ähnlicher, mein Herr?

Er wurde nicht in den Gefängnistrakt des Innenministeriums zurückgebracht, sondern zu einem Gefängnis außerhalb der

Stadt. Auf der Fahrt blitzten Erinnerungen an seine Zeit als Soldat vor seinem inneren Auge auf. Dieses Leben gehörte nicht mehr zu ihm, dachte er. Genau genommen hatte er das Leben selbst hinter sich gelassen. Denn war nicht genau das die Bedeutung von „sein Leben Christus hingeben“? War es nicht genau das, was Jesus für uns getan hat? Und hatte nicht genau das gleiche Schicksal auch die Jünger Jesu ereilt?

Diese Gedanken verfolgten ihn während der eineinhalbstündigen Fahrt. In der Stille seiner Einsamkeit betete er laut: Es war so lange her, dass er das gemacht hatte! Er betete weinend für Kamila und die Kinder und fand sich damit ab, sie nie wiederzusehen. Aber er irrte sich: Er sollte sie genau an dem Ort wiedersehen, an den er gerade fuhr.

EIN GUTER HEIDE

Einen Monat später, am Stadtrand von Kabul, Afghanistan

Die Latrine der Hölle. So nannte man diesen Flügel des Gefängnisses. Er war vor allem von gewöhnlichen Kriminellen, psychisch Kranken und Herumtreibern verschiedener Art bevölkert, dazu kamen Opiumabhängige, die es überall im Land gab. Aber es fehlte auch nicht an Regimekritikern und Aktivisten, die sich den Zorn korrupter Politiker zugezogen hatten.

In diesem riesigen nationalen *Buzkashi*-Wettkampf konnte man schnell zum Ziegenkadaver werden. Wenn man nicht aufpasste, fand man sich schnell inmitten eines staubigen Stammeskonfliktes wieder. Das war bei Nasiry nicht der Fall: Er war wegen seines Glaubens hier. Und seine zwanzig Zellengenossen sollten das auch bald herausfinden.

Der Ort war heruntergekommen und baufällig, nicht vergleichbar mit dem Gefängnis, in dem er zuvor gesessen hatte. Die erste Woche verbrachte er in Einzelhaft im Keller des Gefängnisses. Allein in einem Loch im Boden, zu klein, um sich richtig auszustrecken. Das Loch war mit einem großen Gitter abgedeckt, über das die Wärter liefen. Es fiel Nasiry schwer, über all die Tage und Stunden hinweg, die er in dem Loch verbrachte, nicht den Verstand zu verlieren. Dennoch gelang es ihm auf wundersame Weise, einen Rhythmus zu finden, indem er einem strikten inneren Stundenplan folgte. Abwechselnd verbrachte er die Stunden mit Gebet und dann wieder mit dem Rezitieren von Predigten, die er gehört oder gehalten hatte. So konnte er trotz der Dunkelheit den Wechsel von Tag und Nacht nachvollziehen.

Es gab surreale Momente, in denen er in der Dunkelheit die

Frohe Botschaft der Erlösung verkündete und gleichzeitig erneut den Wunsch verspürte, sein Leben Christus zu übergeben.

Die Einzelhaft endete und er wurde in eine überfüllte Zelle verlegt. Vom ersten Tag an wurde er von heftigem Durchfall geplagt. Die Zelle war verdreckt und es gab Ratten und Insekten aller Art. Es gab eine einzige Toilette, die für zwanzig Menschen natürlich nicht ausreichte. Außerdem wurde sie von Insassen auf Opiumentzug stark frequentiert. Auch genug Pritschen gab es nicht, also musste Nasiry auf dem Boden schlafen.

Aber weder das fehlende Bett noch der Durchfall waren das Schlimmste. Als der Wärter ihn in die Zelle schob, hatte er verkündet, dass ihr neuer Zellengenosse ein Ungläubiger sei, ein Verräter am Islam. Er hörte irgendwann auf, die Schikanen zu zählen, denen er in der ersten Woche in dieser Zelle ausgesetzt war. Niemand berührte ihn mit den Händen: Sie traten und bespuckten ihn. Aber nicht alle, denn die meisten der Insassen waren drogenabhängig oder offensichtlich psychisch krank. Es waren vor allem drei, die ihm das Leben schwer machten, aber auch die verloren bald die Lust daran.

Wenn es Essen gab, schoben die Wärter Nasirys Schale mit dem Fuß in seine Richtung. Sie behandelten ihn wie einen Hund und nannten ihn auch so: „Hund!"

Sie konnten nicht ahnen, dass jedes Mal, wenn sie dieses Wort aussprachen, schöne Erinnerungen an seinen Freund Hund zurückkehrten und ihn aufmunterten. Nasiry wunderte sich darüber, wie gut Gott sich doch um die Seinen kümmerte …

Nach den ersten schwierigen Tagen spürte er, wie eine neue Kraft in ihm wuchs. Er war zwar oft verzweifelt. Aber dann ermutigte ihn das Bild der Reise des Apostels Paulus wieder. Er fühlte sich in diesen Momenten Gott näher als je zuvor und glaubte ganz fest daran, dass er seine Rolle in Gottes Plan spielte, egal wie absurd es schien. Eines Nachts, als er Gott anflehte, ihm ein Zeichen seiner Liebe zu schenken, spürte er wieder die gleiche Wärme in seiner Brust, die er auch an dem Tag gespürt hatte, als Kurt und der Arzt für ihn gebetet hatten. Es war, als würde Gott seinen Kopf salben und mit einem wohltuenden Balsam sein Herz heilen. Bevor er auf dem Boden in der Ecke der Zelle einschlief, traf er eine wahnwitzige und unmögliche Entscheidung. Nur ein blinder und tauber Narr konnte in dieser aussichtslosen Situation auf so eine Idee kommen. Er fragte sich, ob er vielleicht wirklich langsam verrückt wurde, aber der übernatürliche Friede und das sichere Gefühl in seinem Herzen beruhigten ihn. Schließlich war das nur die simple Anwendung der goldenen Regel der Nachfolge: *Wie auch immer deine Situation ist, egal wie gut oder wie schlecht, frage den Vater: Wie kann ich dir in alldem dienen?*

Für Nasiry war klar: Gott hatte ihn hierhergeführt und dazu berufen, an diesem dunklen Ort sein Reich zu bauen.

Jeden Morgen veranstalteten die Wächter einen Riesenlärm und weckten die Insassen mit dem Ruf zum Gebet. Die Zellen wurden der Reihe nach geöffnet, die Häftlinge in geordneten Reihen aufgestellt und zu den Bädern geführt, um die rituellen Waschungen vorzunehmen, die dem Gebet vorangingen. Gebetet wurde in den Zellen. Alle, auch die offensichtlich Verrückten, mussten dieses Ritual vollziehen. Alle außer einem: Nasiry. Er war ein Ungläubiger. Ihn ließen sie in der Zelle zurück, und als sie an ihm vorbeigingen, wurde er bespuckt, beleidigt und getreten. Aber nur auf dem Hinweg, denn auf dem Rückweg schenkten sie ihm keine Beachtung. Niemand, auch nicht die schlimmsten Verbrecher unter ihnen, wollte sich nach den Waschungen und kurz vor dem Gebet beschmutzen. Während alle knieten und dem typischen Ablauf der Gebetsrituale folgten, blieb Nasiry in seiner Ecke und betete mit ihnen. Aber seine Gebete galten jemand anderem.

Es war ein eindrucksvoller Anblick: bis zu zwanzig Muslime, die auf Knien beteten. Und in der Ecke ein verrückt gewordener Christ, ebenfalls kniend und betend, die Arme ausgestreckt Richtung Himmel, als würde er irgendetwas oder irgendjemanden empfangen.

Auch wenn dieses Verhalten anfangs zu großem Unmut unter den Insassen geführt hatte, gewöhnten sich mit der Zeit alle daran und Nasirys Andersartigkeit fand weniger Beachtung.

Das Frühstück, bestehend aus Brot, Tee und einem Löffel Zucker, wurde direkt in der Zelle serviert. Nasiry erhielt das Essen als Letzter und immer auf dem Boden. Das Mittagessen hingegen fand in einem Speisesaal statt, zu dem die Zelleninsassen nacheinander eskortiert wurden. Reis, Kartoffeln und Brot waren die Hauptbestandteile der Mahlzeiten. Nasiry hatte keinen Zutritt zum Speisesaal, da dies zu Unruhen führen konnte. Es wäre nicht gut, Muslime, egal wie kriminell sie waren, zu zwingen, mit ihm zu essen. Also aß er allein in seiner Zelle, was anfangs eine Erleichterung für ihn war. Aus demselben Grund durfte er auch nicht wie die anderen an die frische Luft. Manchmal jedoch weckte ihn ein Wächter am frühen Morgen, wenn alle noch schliefen, und führte ihn allein in den Innenhof. In diesen kostbaren Momenten konnte Nasiry an der frischen Luft spazieren gehen und genoss den Anblick des afghanischen Himmels. Er sprach zu Gott, ohne flüstern zu müssen, und dankte ihm für die Luft, den Himmel, den Regen, die Hitze, die Kälte, die Vögel, für alles. Der Wächter, der ihm diese Hofgänge gewährte, tat dies nicht aus Menschlichkeit, er befolgte nur seine Befehle und hielt sich mit Beleidigungen nicht zurück. „Sogar der Hund darf den Himmel sehen! Siehst du, wie gnädig wir Muslime sind?“, provozierte er ihn einmal.

„Adam und Eva sind unsere Eltern. So wenig es Ihnen auch gefällt, auch wir sind Brüder“, antwortete er. Seltsamerweise reagierte der Wächter nicht, sondern schien von dieser Antwort eher beunruhigt zu sein. „Ich bin nicht hier, weil ich ein Verbrechen begangen habe. Ich bin nicht hier, weil ich jemandem Schaden zugefügt habe. Ich bin nicht hier, weil ich Opium konsumiert habe“, fügte er hinzu, während er sich abwandte und weiterging. „Ich bin nicht hier, weil ich ein Verbrecher bin. Ich bin hier, weil ich Gott gesucht habe.“

„Und bei deiner Suche bist du in die falsche Richtung gegangen, Hund. Fragst du dich nicht, warum? Fragst du dich nicht, warum du hier gelandet bist?!“, entgegnete ihm der junge Offizier. Er hatte kluge Augen und lächelte Nasiry spöttisch an.

„Ich bitte um Kraft, Geduld und Schutz. Ich bitte um Barmherzigkeit für die, die mich hassen, und um Liebe für die, die mich beleidigen. Aber ich frage nicht, warum ich hier bin: Der Vater weiß es, er kennt meine Tage, mein Suchen und meinen Durst nach ihm. Durch mich tut er seinen Willen hier auf der Erde. Ich bin genau da, wo er mich haben will.“

Der junge Wachmann machte einen Schritt zur Seite, als hätte er kurz das Gleichgewicht verloren. Er löste seinen Blick von Nasiry und fummelte an seinem Schlagstock herum. Einen Moment lang dachte Nasiry, er hätte Eindruck auf ihn gemacht, ihn verwirrt. Dann machte der Wärter eine vage Geste und zeigte auf das Gefängnis und auf Nasiry und fragte: „Und all dieses Leid? Welcher Gott kann von seinen Kindern verlangen, dass sie im Gefängnis landen und von allen gehasst werden?“

„Ein Gott, der am Kreuz für uns gestorben ist. Ein Gott, der sich selbst geopfert hat, damit wir das ewige Leben haben können. Ein Gott, der uns nahe ist, der nicht dort oben auf dem Berg in der Ferne geblieben ist, sondern der herabgestiegen ist, um uns entgegenzukommen. Er hat seine Hand nach uns ausgestreckt und das Lösegeld für uns bezahlt", sagte Nasiry mit Begeisterung in der Stimme. „Nasiry, du willst mich doch nicht auch noch bekehren, oder?", sagte der Wachmann, drehte ihm den Rücken zu und ging.

Und Nasiry lächelte und dankte dem Vater, denn das war das erste Mal, dass er in diesem Gefängnis seinen richtigen Namen gehört hatte.

Viele Zellengenossen empfingen Besucher, und wenn sie kamen, brachten sie Essen und neue Kleidung mit. Nasiry hatte sich längst damit abgefunden, dass er keinen Besuch bekam, aber er war auch nicht der Einzige. Einige der Opiumabhängigen hatten wohl niemanden, der sich um sie kümmerte, so schien es zumindest. Aber nachts hörte man sie manchmal im Nebel ihrer Entzugserscheinungen nach Mama, Papa oder irgendeinem Freund rufen. Nasiry hatte Mitleid mit ihnen und nutzte jede Gelegenheit, die sich bot, um ihnen etwas Gutes zu tun. Einer von ihnen hatte zum Beispiel in einem Krampfanfall seine Tasse Tee verschüttet, und Nasiry bot ihm seine an. Niemand sonst hätte das von dem Ungläubigen angenommen, aber der arme Mann, der nicht älter als zwanzig Jahre war, tat es und bedankte sich weinend.

Im Gefängnis gab es keine Arbeit, keine Freizeitbeschäftigung und keine Möglichkeiten, etwas zu lernen. Dies war Afghanistan, nicht Europa. Man vegetierte vor sich hin, armselig und sinnlos. Eine entsetzliche Kombination für den menschlichen Geist. Schlägereien und Unruhen waren an der Tagesordnung und Nasirys wohltätige Aktionen schienen völlig fehl am Platz zu sein. Aber die Insassen bemerkten es und hörten auf, ihn zu schlagen. Auch die Wärter nahmen Notiz davon. Eines Tages, etwa drei Monate nach seiner Verhaftung, kam der junge Wärter mit den klugen Augen auf ihn zu und sagte zu ihm: „Hey du, du hast Besuch!"

Nasiry stand einen Moment lang regungslos da, dann sprang er auf. Mit rasendem Herzen ging er auf die Zellentür zu. Sie ließen ihn hinaus und es schien ihm, als würde der junge Wärter ihn im Vorbeigehen anlächeln. Sie begleiteten ihn in einen Flügel des Gefängnisses, den er noch nie gesehen hatte, und führten ihn in einen länglichen Raum. Er sah aus wie ein Korridor, in dem sich auf der einen Seite Nischen mit kleinen Gittern befanden, ähnlich wie in Beichtstühlen, aber man konnte die Person auf der anderen Seite sehen. Und was Nasiry sah, ließ ihn buchstäblich zusammenbrechen …

Vor ihm, getrennt durch ein Gitter, sah er Kamila mit einer Freundin der Familie und die Kinder. Nasiry brach in Tränen aus, ebenso wie Kamila und die Kinder. Kamila brauchte einen kurzen Moment, um sich von dem Anblick zu erholen, der sich ihr bot. Vor ihr saß der Schatten ihres Mannes. Abgemagert, blass, mit langem, ungepflegtem Bart, struppigem Haar, in schmutzige Lumpen gekleidet: Er stank bestialisch. „Ich bin wie Johannes der Täufer, meine Liebe“, sagte er zu ihr und versuchte, sie zum Lächeln zu bringen. Und es gelang ihm. Kamila lachte und weinte gleichzeitig.

„Ihr habt zehn Minuten Zeit“, sagte der Wachmann.

Nach dem ersten Schock rissen sie sich zusammen und es gelang ihnen, Worte der Zuneigung, einige Beruhigungen und allgemeine Informationen auszutauschen. Sie wagten nicht, einander etwas über das Netzwerk der Hauskirchen zu erzählen, da sie nicht alleine waren und Nasiry keine Zeit gehabt hatte, sich auf ihr Treffen vorzubereiten. Die Zeit verging wie im Flug. Es war, als würde man sie ihnen aus den Händen reißen, während sie versuchten, sie festzuhalten.

„Uns geht es gut, mach dir keine Sorgen um uns“, wiederholte seine Frau mehrmals. Nasiry antwortete: „Mach dir keine Sorgen um mich, meine Liebe. Ich weiß, warum ich hier bin. Der himmlische Vater hat mir das versichert, sag das auch den anderen."

„Und geh zu deinem Onkel", wagte Nasiry hinzuzufügen. Kamila nickte und hielt sich die Hände vor den Mund, als sie ihn wegbrachten.

Nasiry weinte vor Glück und in seinem Herzen dankte er Gott, dass er ihm eine große Last abgenommen hatte: Seiner Familie ging es gut. Die aufgezeichnete Stimme, die er während seiner Verhöre gehört hatte, die Stimme der Frau, die vor Schmerzen schrie, war nicht die von Kamila gewesen. Er war davon schon während der Verhöre überzeugt gewesen, aber in den dunkelsten Momenten seiner Gefangenschaft hatten diese herzzerreißenden Schreie trotzdem an ihm genagt und ihm Angst gemacht. Außerdem war er sich jetzt sicher, dass sie die Stadt verlassen würde, um bei ihrem Onkel in einem sichereren Teil des Landes zu leben.

„Sechzehn", sagte er an den jungen Wachmann gewandt, der ihn begleitete. Er sah ihn fragend an, während er die Tür zurück in die *Latrine der Hölle* öffnete. „Sechzehn Minuten Besuchszeit haben Sie mir geschenkt", erklärte er und lächelte breit. „Fordere dein Glück nicht zu sehr heraus, Nasiry", sagte der Wachmann und grinste kaum merklich.

Eines Tages, während des morgendlichen Waschrituals, als Nasiry allein in seiner Zelle war, hörte er aufgeregtes Geschrei aus den Waschräumen. Einige Wärter stürmten an der Zellentür vorbei in die entsprechende Richtung. Es klang wie eine weitere Schlägerei, aber das war es nicht. Alle Insassen kehrten zurück, bis auf einen: Ein gut gekleideter, junger Mann, der seine Verhaftung immer noch nicht überwunden hatte. Sie brachten ihn etwa zwanzig Minuten später zurück in die Zelle, als das Gebet beendet war. Er war von blauen Flecken übersät. Sie hatten ihn gründlich und brutal zusammengeschlagen. Er wurde auf seiner Pritsche abgeladen. Stundenlang kam niemand in seine Nähe.

Beim Mittagessen blieben nur Nasiry und der junge Mann in der Zelle: Nasiry betete im Stillen für ihn, als der Mann ihn plötzlich ansprach: „Töte mich!“, flehte er und streckte seine Arme nach ihm aus, als wolle er ihn umarmen. „Töte mich, bitte! Du bist sowieso ein Ungläubiger, du kommst hier niemals lebend raus: Töte mich!“

Nasiry fühlte sich durch diese Worte nicht gekränkt, er verspürte eher Mitleid. „Bruder, Sohn meines Landes, warum möchtest du sterben? Willst du Ruhe finden und Gott begegnen?“ „Ja, ja, ich bin müde“, antwortete er verzweifelt und klammerte sich an Nasirys Worte. „Dann musst du an den Sohn des lebendigen Gottes glauben, Christus, unseren Herrn, Jesus, den Retter.“

Er sprach fest und sanft zugleich. Seine Worte waren wie ein Peitschenhieb, der den Jungen sichtlich traf und ihn erschrocken zusammenzucken ließ. Als er sich wieder gefasst hatte, zischte er: „Gott hat keinen Sohn! Du Gotteslästerer!“, und er fügte eine ganze Reihe von Beleidigungen und Schimpfwörtern hinzu. Nasiry tat sein Bestes, um ihn zu beruhigen und dazu zu bringen, leiser zu sprechen …

„Erzähl mir, was mit dir passiert ist“, fragte er ihn einfühlsam. Der Mann erzählte ihm, dass er versucht hatte, sich in einer der Toiletten zu erhängen, mit einem Gürtel, den er als Seil benutzte. Man konnte die Flecken an seinem Hals noch deutlich sehen. Die Wärter hatten gerade noch rechtzeitig eingegriffen, hatten ihn gerettet und dann verprügelt. Er erzählte Nasiry, dass er zehn Jahre für einen Mord absitzen müsse, den er nicht begangen habe. Der eigentliche Mörder war ein ziemlich reicher Mann aus seiner Gegend, der auf einer Party einen anderen Mann erschossen hatte. Aber in Afghanistan gehen reiche Leute nicht ins

Gefängnis, sondern sie lassen andere für sich ins Gefängnis gehen. Also hatten sie ihn beschuldigt, weil er als Büroangestellter für den Mörder arbeitete. Er weinte laut, als er seine Geschichte erzählte, und Nasiry tat sein Bestes, ihn zu trösten:

„Was ich dir erzählen werde, ist nur zu deinem Besten, ich habe hier nichts zu gewinnen. Dich umzubringen hilft nicht. Wenn es stimmt, dass du Gott suchst, dann ist das der falsche Weg. Du weißt, dass die vierte Sure sagt, du sollst dich nicht töten, sonst wirst du ins Feuer geworfen … “, dieser Satz erregte die Aufmerksamkeit des Mannes und beruhigte ihn.

„Suche Jesus! Bevor du wieder versuchst, dich umzubringen, suche den, von dem man dir gesagt hat, er sei ein großer Prophet. Suche ihn heute im Gebet. Sei offen, ihm zuzuhören.“ Aber dann wurden sie durch die Wärter unterbrochen, die die Gefangenen vom Mittagessen zurück in die Zelle brachten.

Doch dieses kleine Samenkorn reichte aus, um etwas in Gang zu setzen, was sich niemand hätte vorstellen können.

Die ersten Früchte zeigten sich am Tag nach diesem schwierigen Gespräch. Der junge Mann wurde von den Wachen absichtlich auf seiner Pritsche zurückgelassen und er tat so, als ob er schliefe. Aber als sie gingen und er mit Nasiry allein war, lief er zu ihm herüber, ergriff seine Hände und küsste sie.

Nasiry war zunächst etwas perplex und versuchte dann, sich zu befreien. „Du bist ein großartiger Mensch“, sagte er ihm immer wieder. „Nein, das bin ich nicht. Ich bin ein Sünder wie du. Ich sitze genauso im Gefängnis wie du. Du bist sogar noch freier, du kannst mit den anderen in den Hof gehen, ich nicht. Ich bin kein großartiger Mensch. Nur einer ist großartig: Gott.“

Man sah die Freude förmlich aus dem jungen Mann heraussprudeln, als er anfing, sich zu erklären: „Ich hatte letzte Nacht einen wunderschönen Traum. Ein Mann in strahlend weißem Gewand stand vor mir: Ich konnte ihn nicht einmal ansehen, so stark war das Licht, das von ihm ausging. Ich hatte Angst, aber gleichzeitig fühlte ich mich ganz friedlich. Er sprach zu mir mit der ruhigsten Stimme, die ich je gehört habe: Er erzählte mir von meinem Leben, von meiner Familie, der Schule, der Arbeit, den Sünden, die ich begangen habe, von allem. Er kannte mich wie kein anderer. Dann sagte er mir: ‚Hör auf Nasiry, junger Imed! Er hat Worte des Lebens für dich: Glaube, was er dir sagt. Er erzählt dir von mir. Ich bin das Leben. Ich werde dir das wahre Leben geben. Und ich werde immer bei dir sein.‘ Dann bin ich aufgewacht, aber mir war nicht kalt, wie sonst immer, sondern ich fühlte mich warm, gelassen und glücklich." – „Imed, das war Jesus, der König der Könige, der Herr der Herren", sagte Nasiry mit Tränen in den Augen.

Es folgten emotionale Tage. Die beiden fanden alle möglichen Ausreden, um miteinander zu reden, und nutzten jede Sekunde aus, die sie außerhalb der Hörweite von anderen verbringen konnten. Imed war hungrig nach Antworten und bestürmte Nasiry mit Fragen. *Warum bist du zum christlichen Glauben übergetreten? Wie wird man Christ? Wer ist Jesus wirklich?* Nasiry nahm ihn bei seiner Entdeckung des Glaubens an der Hand, indem er ihm das Christentum nicht als eine Religion der Rituale und Hierarchien, sondern als eine echte Beziehung erklärte: „Wenn du zu Jesus betest, *tust* du nicht irgendetwas, sondern du *bist* bei jemandem", wiederholte er immer wieder. Imed war erstaunt, wie viele seiner Antworten mit Liebe, Akzeptanz und Zugehörigkeit zu tun hatten.

„Gott ist Liebe, Imed!" Nasiry weinte, als er Imed diese Wahrheit verkündete. Er erklärte, dass die Liebe zum Nächsten, selbst zu seinen Feinden, das Merkmal eines jeden Christen sei. „Das macht dich zu einem besseren Menschen, zu einer besseren Person", sagte er.

„Bete zu Gott im Namen Jesu Christi: Er hat sein Blut am Kreuz für uns vergossen, für unsere Sünden, um uns zu heilen. Er ist unser Retter. Er hat Gottes Zorn über unsere Rebellion vollständig auf sich genommen, deshalb nennen wir ihn unseren Herrn."

Es war ein intensiver Austausch. Die anderen Insassen schenkten ihnen keine große Beachtung, zumindest hatte Nasiry diesen Eindruck. Tatsächlich beobachtete der junge Wärter mit den klugen Augen ganz genau, was vor sich ging, und erstattete seinem Vorgesetzten regelmäßig Bericht. Obwohl er nicht hören konnte, was sie miteinander sprachen, erkannte er, dass sich der gescheiterte Selbstmörder seit dem Gespräch mit Nasiry radikal verändert hatte. Er war ruhiger, gelassener, sogar freundlich zu den Menschen um ihn herum. Und Freundlichkeit fiel an diesem Ort genauso auf wie ein Knallfrosch in einer Moschee.

„Wo kann ich das Buch finden?", fragte Imed immer wieder. „Ich will es lesen!" – „Imed, siehst du mich? Ich bin auch im Gefängnis", antwortete Nasiry und lachte.

Das ging einige Tage so, bis etwas Unerwartetes passierte. Nach dem Mittagessen kamen zwei Wärter in ihre Zelle. „Imed, hol deine Sachen: Du bist frei, du bist entlassen worden. Die Anklage wurde fallen gelassen, der Richter hat einen Entlassungsbeschluss unterzeichnet."

Imed sank vor seiner Pritsche auf die Knie und in der Zelle brach ein Tumult aus, den die Wärter mit Drohungen und Flüchen zu unterbinden versuchten. Doch in diesem Moment sprintete der Junge los und erreichte mit wenigen Schritten die Ecke, in der Nasiry saß, warf sich ihm zu Füßen und sagte aufgeregt: „Jesus hat das getan! Jesus hat das getan!"

Nasiry hielt ihm buchstäblich die Hand vor den Mund, um ihn zum Schweigen zu bringen. „Wovon redet der? Was hat er gesagt?“, rief der Wärter, der in ihrer Nähe stand. „Ach, nichts, er ist nur froh, dass er weg ist“, antwortete Nasiry.

„Ich habe einen Namen gehört …“ „Oh, Sir, man hat hier viele Namen für mich“, sagte er lächelnd und sah dem Jungen in die tränenfeuchten Augen.

Er wusste, dass er wirklich frei gelassen wurde, dass die Anklage wirklich fallen gelassen wurde. Das erfuhr er von Imed persönlich, der ihn ein paar Tage später im Gefängnis besuchte und Essen und frische Kleidung mitbrachte. Imed begrüßte ihn und nannte ihn Bruder: „Ich werde das Buch finden, Nasiry. Meine Suche hat gerade erst begonnen.“

„Komm mit mir!“, sagte der junge Wachmann eines frühen Morgens zu ihm. Nasiry dachte, es handele sich um einen Hofgang. Den hatte er dringend nötig, er war seit über einer Woche nicht mehr draußen gewesen. Stattdessen wurde er in einen anderen Bereich des Gefängnisses gebracht, wo es Büros gab. Er fand sich vor dem Leiter der Gefängnisabteilung wieder, der hinter einem schönen Schreibtisch voller Bücher saß. Im Büro roch es nach Tabak und Gewürzen. Er sah frisches Obst auf einem Schrank: Nasiry lief das Wasser im Mund zusammen. Der Mann schien dies zu bemerken und wies den jungen Wärter an, Nasiry die Früchte zu reichen. Er zögerte, weil er nicht wusste, was er tun sollte. „Geben Sie ihm das Obst, dann kann er essen“, forderte ihn der Gefängnisleiter auf. Der Wärter reichte Nasiry die Obstschale und er nahm sich ein paar der für Afghanistan typischen Aprikosen und legte sie sich auf den Schoß. Er versuchte so gelassen wie möglich zu wirken.

„Du ziehst um. Du kommst in eine kleinere Zelle für vier Personen“, sagte der Mann.

„Oh, danke, Herr Direktor, danke!“, antwortete Nasiry.

„Willst du mich nicht fragen, warum? Ich werde es dir sowieso sagen. Nasiry, du bist ein guter Mensch“, sagte er und warf dem jungen Wärter einen Seitenblick zu. „Ein aufrechter Mensch mit edlen Absichten. Wir beobachten dich schon seit einer Weile. Jeden Tag tust du Dinge, die wir hier drinnen noch nie erlebt haben. Wir haben gesehen, wie du anderen Trost, Hilfe und sogar Essen angeboten hast, ohne eine Gegenleistung zu verlangen“, fuhr er fort. Er kritzelte eine Unterschrift auf ein Formular, das vor ihm lag, und reichte es der Wache. „Du bist ein Heide. Aber ein guter Heide. Deshalb verlege ich dich. Du wirst dein eigenes Bett haben und weniger Leute, die dich belästigen. Die Zelle ist für vier Personen und ich werde dich als Experiment nutzen. Ich möchte, dass du einigen Leuten hilfst, Nasiry. Die Ersten sind zwei junge Männer, die beim Stehlen auf dem Markt erwischt wurden und dann dem Opium verfallen sind. Die Geißel dieses Landes. Kümmere dich um sie, sorge dafür, dass es ihnen gut geht, solange sie auf Entzug sind. Ich weiß, dass das nicht leicht ist, aber du hast hier schließlich schon einiges durchgemacht, Nasiry. Denkst du nicht auch?“

„Natürlich, Herr Direktor. Es wird mir eine Ehre sein, mich nützlich zu machen“, sagte er voller Dankbarkeit. „Führt ihn in die 15. Seine neuen Zellengenossen sind schon da.“

Er war aufgeregt. Er war überglücklich. Er dankte Gott unablässig, während er neben dem Wachmann herging. „Du bist ein guter Heide, Nasiry“, sagte der Wächter lächelnd zu ihm. „Und Sie sind ein guter Mann und ein guter Beamter“, antwortete er und erwiderte das Lächeln.

Die neue Zelle war zweifelsfrei besser. Kleiner, aber mit mehr Platz zum Bewegen und mit Stockbetten, die nicht ganz so abgenutzt aussahen. Die Toilette war in einem guten Zustand und der Boden fast sauber. Die beiden anderen Häftlinge lagen zusammengerollt auf ihren Betten und schauten nicht auf, als er hereinkam: Sie waren kaum bei Bewusstsein und krampften.

Die folgenden Tage waren anstrengend: Es war kaum möglich zu schlafen, denn die beiden Männer schwankten ständig zwischen stillen Momenten der Verzweiflung und heftigen Wutausbrüchen hin und her. Sie schrien, weinten, beschimpften ihn und baten ihn kurz darauf um Hilfe und Trost. Sie erzählten ihm von ihrem früheren Leben, in dem Exzesse aller Art, aber eben vor allem der Opiummissbrauch eine tragende Rolle gespielt hatten. Sie prahlten, viele Frauen gehabt zu haben, Prostituierte. Das war ungewöhnlich in einem Land, in dem niemand sich mit so etwas rühmte, geschweige denn öffentlich zugab, dass es so etwas wie Prostitution überhaupt gab.

Sie beteten dreimal am Tag, sagten sie, aber nicht immer, sondern nur dann, wenn sie Schuldgefühle hatten. Sie hatten den Koran „ein bisschen" gelesen und mit nicht allzu großer Mühe versucht, den Geboten des Islam einigermaßen zu folgen. Sie glaubten nicht wirklich an all das und gaben das auch offen zu, wenn die Entzugserscheinungen ihre Zunge lockerten.

Natürlich gingen sie in die Moschee, aber sie glaubten kein Wort, das aus dem Mund der Mullahs kam: „Sie sind doppelzüngig", flüsterten sie fast im Chor. Sie litten unter plötzlichem Durchfall, der von starkem Zittern und Schwitzen begleitet wurde. Wenn es besonders schlimm war, traten sie um sich, wie kleine Kinder. Nasiry stand ihnen in diesen Momenten bei, beruhigte sie und kühlte ihre Stirn mit einem feuchten Tuch. Er konnte mehrmals am Tag in Begleitung des jungen Wachmanns in den Waschraum gehen, immer wenn niemand in der Nähe war. Ein paar Mal wurde er von dem Jüngeren der beiden in einem plötzlichen Wutanfall verprügelt, woraufhin dieser, nachdem er sich wieder beruhigt hatte, bitterlich weinte und um Verzeihung bat. Nasiry versicherte ihm, dass er nicht böse sei und er ihm vergebe. Obwohl er sich körperlich erschöpft fühlte, war er von einer unermüdlichen Motivation beseelt: Er säte! Und er war sicher, dass der Herr ihn an der Hand führte.

„Euer bisheriges Leben hat euch hierhergebracht, ins Gefängnis“, sagte er ihnen eines Abends, als sie nach einem fast normalen Tag ruhig auf einer Pritsche saßen. „Das war kein Leben auf der Überholspur, ihr wart auf dem Weg Richtung Hölle! Und dieses Gefängnis ist ein Vorgeschmack darauf. Macht euch frei von diesen finsteren Gedanken und den schmutzigen Worten. Ihr müsst einen anderen, einen neuen Weg einschlagen, sonst verrottet ihr an einem Ort wie diesem hier.“

„Aber wir kennen nur dieses Leben“, antwortete der jüngere Mann. „Ich konnte nur auf zwei Beinen laufen. Dann kam der Krieg und raubte mir eines davon. Ich habe gelernt, auf einem Bein mit einer Prothese zu gehen. Man kann sich verändern und anpassen! Hört auf zu jammern, ihr seid starke, junge und intelligente Männer.“ – „Sollen wir deinem Weg folgen, *Ungläubiger?*“, provozierte ihn der andere. „Du meinst Jesus, den einzigen Weg, den Sohn Gottes, den Retter eurer Seelen?“, entgegnete Nasiry.

Der jüngere Mann sprang auf, packte ihn an den Haaren und drohte ihm mit der Faust. Nasiry rief: „Jesus ist es, der mich zu euch gebracht hat, um euch beizustehen.“

Der junge Mann ließ ihn gehen. Es hatte ihm die Sprache verschlagen. „Ihr habt mich tausendmal gefragt, warum ich euch helfe. Und dieser Jesus, von dem ich euch erzähle, ist die Antwort. Ich helfe euch, seinem Vorbild zu folgen. Er hat mir geboten, meinen Nächsten zu lieben wie mich selbst. Er hat mich an der Hand in diese Zelle geführt, mit der klaren Aufgabe, euch zu helfen, damit ihr euer Leben wieder in den Griff bekommt. Ob ihr es nun glauben wollt oder nicht: Tatsache ist, dass ich hier bin und dass ich euch seit dem ersten Tag beigestanden habe, als meinen Brüdern und Freunden. Und als Dank habe ich dafür nichts anderes als Schläge, Beleidigungen und Tränen bekommen. Und jetzt sag mir: Wann hast du das letzte Mal so etwas gesehen?“

Die beiden Männer waren wie benommen. „Christen sind Ehebrecher, Säufer, sie schlafen mit ihren eigenen Müttern!“, begann der ältere und versuchte, auf Abstand zu gehen. „Das sind alles Lügen! Dein Mullah hat sie dir erzählt, richtig? Aber du glaubst den Mullahs doch nicht, du glaubst nicht an den Koran, warum solltest du also diesen Lügen glauben? Du bist intelligent, benutze deinen Kopf. Lies lieber selbst das Buch der Christen und du wirst sehen, dass keine dieser Lügen wahr ist!“

Dann fügte er in sanfterem Tonfall hinzu: „Opium bringt euch um. Es ist schlecht für den Körper, den Verstand, den Geist und sogar für den Geldbeutel. Ihr habt selbst gesagt, dass ihr in den letzten Jahren all euer Geld für das Zeug ausgegeben habt.“

Er ermahnte sie immer wieder, hörte ihnen zu und tröstete sie, während sich der feste Griff des Entzugs langsam lockerte. Ihre Symptome verschwanden, die Farbe kehrte in ihre Gesichter zurück. Sie fingen an, ordentlich zu essen und regelmäßig zu schlafen. Vor allem Letzteres freute Nasiry, auch um seiner selbst willen. Jetzt konnte er mit ihnen ungefiltert über Christus sprechen. Sie unterhielten sich stundenlang, meist nachts. Sie stellten Fragen, hörten ihm aber vor allem gerne zu. Dabei entspannten sie sich und manchmal hatten sie sogar Tränen in den Augen. In diesen besonderen Momenten betete Nasiry für sie. Und wieder geschah das Unmögliche: Eines Abends gingen sie gemeinsam auf die Knie und gaben sich einfach der Wahrheit des auferstandenen Christus hin und nahmen sie als ihre eigene an.

„Ich glaube an den König, der den Tod besiegt hat", sagte der Jüngste.

In dieser Zelle war eine Kirche geboren worden.

Und so unwahrscheinlich das auch war, so unwahrscheinlich war es auch, dass niemand davon Wind bekam.

An einem regnerischen Nachmittag wurden die Häftlinge verlegt. Nasiry war nun seit über sechs Monaten im Gefängnis und die Nachricht über die Verlegung stimmte ihn traurig. Das Leben in dieser Zelle war angenehm geworden. Die drei mochten sich, gingen respektvoll miteinander um und wuchsen gemeinsam im Glauben. Bei ihren Hofgängen sprachen die beiden Männer mit größter Vorsicht andere Häftlinge an, die ebenfalls das Opium ins Gefängnis gebracht hatte, und erzählten ihnen von Jesus.

Die anderen Insassen durften Nasiry nicht besuchen, und er selbst durfte nicht in den Hof zu den anderen hinaus. Also waren es stattdessen seine beiden Zellengenossen, die die Botschaft des Evangeliums an andere weitergaben. Es war wie ein guter Virus, der sich still und im Verborgenen ausbreitete.

Nasiry erfuhr, dass mindestens fünf weitere Personen Christen geworden waren. Ihm wurde klar, dass Gott einen Plan für das Leben dieser beiden jungen Männer hatte und dass sie vielen Menschen zum Segen werden konnten.

Trotz dieser wundervollen Entwicklung überkam Nasiry eines Abends, kurz vor der Verlegung in eine andere Zelle, eine schwere Depression. Voller Verzweiflung lag er auf dem Boden und flehte Gott an, ihm beizustehen. Eine übermächtige Erschöpfung schien sein Durchhaltevermögen ins Wanken zu bringen. Kein noch so kleiner Strahl der Hoffnung konnte sich zu ihm durchkämpfen. Die Erschöpfung der letzten Monate, die Schikanen, die Erniedrigungen, die Schläge, seine Sorgen und

Ängste: All das brach wie eine Welle über Nasiry ein und drohte ihn zu ertränken. Er konnte nicht mehr.

„Vater, bitte, wohin führst du mich? Ich kann nicht mehr!“, flehte er. „Sprich heute Nacht zu mir, sprich jetzt zu mir oder zeige dich in einem Traum! Offenbare dich mir! Oder ich werde sterben! Steh mir bei, sonst gebe ich auf!“ Stundenlang rief er den Namen des Vaters an, bis er, vom Schlaf überwältigt, auf dem Boden zusammenbrach.

In dieser Nacht hatte er einen Traum: Sein Herr kam zu ihm. Er sah Jesus auf einem hölzernen Thron sitzen, der mit Gold und Silber verziert war. Um ihn herum knieten unzählige Menschen aus verschiedenen Kulturen, die westlich gekleidet waren, und sangen wunderschöne Lieder, deren Worte er nicht verstand. Bei diesem Anblick fiel Nasiry auf die Knie, weil seine Beine ihn nicht mehr halten konnten. Er fühlte sich schwach und ängstlich. Jesus trug weiße, leuchtende Gewänder, von denen Wärme auszugehen schien. Als Nasiry dort kniete, bemerkte er, dass die Menschen in verschiedenen Sprachen sangen, die er nicht verstand. Er hörte Englisch heraus, aber auch Dari und Paschtunisch. Andere klangen wie Deutsch und Französisch.

Jesus stand auf und ging langsam auf ihn zu. Er nahm seine Hand und sprach zu ihm, ohne dass sich seine Lippen bewegten:

Ich bin immer bei dir, Nasiry. Ich weiß, wie sehr du leidest, ich sammle jede einzelne Träne, die du vergießt, ich fühle jede einzelne Ohrfeige, die du bekommst. Denn ich werde bei dir sein bis ans Ende aller Tage.

Als er aufwachte, lag er zusammengerollt auf seiner Pritsche und fühlte sich gut. Sowohl körperlich als auch seelisch erfrischt. Er war glücklich, denn sein Herr war bei ihm und würde ihn nie verlassen.

Am nächsten Tag wurde er erneut in das Büro des Direktors gebracht. Der war beeindruckt von dem guten Einfluss, den Nasiry auf die Insassen zu haben schien, und meinte, das „Experiment" mit den beiden jungen Männern sei eindeutig ein Erfolg gewesen. Für Nasiry war es allerdings weit mehr als nur ein „Experiment". Der Direktor schlug zwei weitere Häftlinge mit ähnlichen Problemen vor. Natürlich war es eher eine Anordnung als ein Vorschlag und Nasiry wusste das sehr wohl. Aber der Traum der letzten Nacht hatte ihm weit mehr Zuversicht geschenkt, als er anfangs geglaubt hatte. Er fühlte sich wieder stark und sein Geist war vollständig wiederbelebt worden.

Der Direktor bot ihm einen Tee an und sprach eine Weile mit ihm. Dann bat er den Wachmann, sie alleine zu lassen. Dieser zögerte kurz. Scheinbar war das ein eher ungewöhnlicher Befehl.

In einem freundlichen Ton stellte er Nasiry Fragen über seinen Glauben. Aus irgendeinem Grund hatte Nasiry das Gefühl, er sollte diese Fragen lieber mit Vorsicht beantworten. Es war nicht ganz unwahrscheinlich, dass die Wachen einige ihrer Gespräche mitgehört hatten, schließlich sprachen die beiden jungen Männer manchmal sehr leichtfertig über den Glauben. Nach einigen Minuten verstand Nasiry dann, warum er sich nicht ganz wohl fühlte: „Nasiry, wenn du mir heute die Namen der Personen nennst, die dir das Buch der Christen gegeben haben, werde ich dafür sorgen, dass die Anklage fallen gelassen wird und du innerhalb einer Woche frei und bei deiner Familie bist."

Als er diese Worte hörte, überkam ihn ein Anflug von Traurigkeit. Irgendwie war das genau die gegenteilige Reaktion, die man bei einem solchen Angebot erwarten würde, dachte Nasiry.

„Jede Fremde ist ihnen Heimat und jede Heimat Fremde. (…) Sie sind im Fleisch, leben aber nicht nach dem Fleisch. Sie weilen auf der Erde, aber ihre Heimat haben sie im Himmel.“[20]

Er erinnerte sich an diesen Satz aus einem Flugblatt, das ihm der Tadschike gegeben hatte. Er wusste nicht, von wem die Worte stammten.

„Ich bin verwirrt, Herr Direktor“, gab er wahrheitsgemäß zu. Er suchte nach den richtigen Worten und erinnerte sich an das, was Jesus selbst versprochen hatte, wenn sie vor Gericht stehen sollten: dass der Heilige Geist ihnen die richtigen Worte eingeben würde. Aber ihm fiel nichts ein. Er konnte keine Worte finden, die in diesem Moment richtig erschienen, und so schwieg er. Es herrschte Stille. Er fühlte sich wieder wie ein Schaf, das zur Schlachtbank geführt wird. Aber auch dieses Mal überkam ihn eine unwirkliche Ruhe und die Gewissheit, dass er mit allem, was er tat, in Jesu Fußstapfen trat.

Der Direktor verlor zwar nicht die Beherrschung, aber er war sichtlich verärgert. Er erklärte Nasiry, dass er es sich nicht unnötig schwer machen müsse. Und was die Folge seiner Sturheit sein würde: „Muss ich dich daran erinnern, dass der Galgen auf dich wartet?“

„Dieses Leben gehört nicht mir, Herr Direktor“, antwortete Nasiry und schwieg wieder. Es folgten weitere Fragen und Drohungen, aber er sprach nicht mehr. Nur den jungen Wachmann lächelte er an, als dieser ihn in seine Zelle zurückbrachte. „Du bist ein guter Heide, Nasiry“, sagte er.

Am nächsten Tag lernte er seine neuen Zellengenossen kennen

[20] Aus dem Brief an Diognet, 3. Jh. n. Chr. (Der sogenannte Brief an Diognet ist eine frühe christliche apologetische Schrift und vermutlich kein echter Brief. Verfasser und Datierung sind unklar.)

und alles begann von Neuem. Die schlaflosen Nächte, die plötzlichen Übergriffe, die Anfälle, das hemmungslose Weinen. Einer von ihnen versuchte mehrmals, sich umzubringen, und schlug einmal deshalb sogar seinen Kopf gegen die Wand. Nasiry rettete ihm immer wieder das Leben und erhielt im Gegenzug Schläge, Tritte und einige neue Narben. Aber auch hier gab es erstaunliche Ergebnisse.

Die Menschen in Nasirys Umgebung veränderten sich. Auch diese beiden Männer wurden vom Evangelium angezogen. Und beide lernten im Laufe der Zeit Jesus kennen. Die Antwort, nach der sie so lange gesucht hatten. Sie waren nicht so eifrig und extrovertiert, als dass sie mit weiteren Häftlingen über Jesus gesprochen hätten. Aber Nasiry war sich sicher, dass ihre Entscheidung für Jesus von ganzem Herzen kam. Als sie ihm sagten, dass sie verlegt würden und zwei neue Häftlinge in Nasirys Zelle kommen sollten, freute sich Nasiry. Denn eine simple Erkenntnis schoss ihm durch den Kopf: „In der Latrine der Hölle wurde eine weitere Kirche geboren."

GOTTES WERK

Acht Monate nach der Inhaftierung, am Stadtrand von Kabul, Afghanistan

Zwanzig Insassen des Gefängnisses hatten Jesus mittlerweile als ihren persönlichen Retter angenommen. Wenn er darüber nachdachte, erfüllte Nasiry eine innere Freude, die ihn dazu anstachelte, noch mehr zu riskieren. Bestimmt gab es noch mehr Menschen, die durch diese zwanzig Neubekehrten ebenfalls in Kontakt mit dem Glauben gekommen waren, aber er wusste nicht, wer und wie viele es waren. Manchmal nickten ihm einige Insassen dankbar zu, wenn er frühmorgens auf dem Weg in den Hof an den Zellen vorbeigeführt wurde. Es hatte sich herumgesprochen, dass er die Drogensüchtigen heilen konnte. Deshalb nannten ihn viele jetzt den „guten Heiden".

Am meisten freute ihn aber etwas anderes: der junge Wärter mit den klugen Augen. Er hatte ihm oft heimlich zugehört, wenn er mit seinen Zellengenossen über Gott sprach. Eines Tages, als er Nasiry gerade zu den Waschräumen begleitete und niemand in Hörweite war, fasste er sich ein Herz: „Nasiry, ich möchte auch Christ werden. Hilf mir!"

Wenn er doch nur in der Zeit zurückreisen könnte. Er hätte an allen möglichen Orten Bibeln verstecken können, ohne die Brüder und Schwestern der Hauskirchen in Gefahr zu bringen. Er hätte Leuten wie diesem jungen Wärter sagen können: *Geh an Ort X, grabe in der Erde und du wirst das Buch finden.* Aber auf diesen Gedanken war er nie gekommen.

Er half ihm, so gut er konnte. Und das reichte aus, so groß war der Durst des Jungen. Natürlich befürchtete er immer mal wieder, dass es eine Falle sein könnte, ein Trick, um Informationen aus ihm herauszubekommen. Aber für Nasiry gehörte das Risiko eben zum Christsein dazu. Es war Teil des Pakets. Und selbst wenn man ihn auf frischer Tat ertappt hätte: Was hätte das geändert? Sein Urteil stand fest und früher oder später würde er gehängt werden, wenn Gott es so wollte. Aber er wusste auch, dass Gott die Umstände im Gefängnis, die Begegnungen und die Menschen so formte, dass hier sein Reich gebaut werden konnte.

Und immer, wenn er über sein eigenes Todesurteil nachdachte, hatte Nasiry den Eindruck, dass er nicht auf diese Art sterben würde. Dass Gott ihn vor dem Galgen bewahren würde. Er bat Gott, ihm darüber Klarheit zu schenken, vielleicht in einem Traum, aber es geschah nichts. Er bekam keine Antwort, kein klares Ja oder Nein.

„Nasiry, wenn du freiheraus sprechen könntest und wenn wir hier wirklich unvoreingenommen und ohne Zwang zuhören könnten, dann würden sich drei Viertel der Männer zu Christus bekehren", flüsterte ihm einmal der junge Mann zu.

Mittlerweile war der Hofgang für Nasiry genauso alltäglich geworden wie für alle anderen Häftlinge. Eines Tages, als der junge Wärter ihn dabei begleitete, zitierte dieser leise aus der Bibel: *„Am Anfang war das Wort. Das Wort war bei Gott, und das Wort war Gott selbst. Von Anfang an war es bei Gott. Alles wurde durch das Wort geschaffen; nichts ist ohne das Wort entstanden."*[21]

Nasiry wurde schwindelig, und als er sich zu ihm drehte, fiel er fast um. Der junge Mann stützte ihn. Nasiry hatte ihm noch nie von diesen Versen erzählt. Ehrlich gesagt hatte er sie im Gefängnis noch kein einziges Mal laut ausgesprochen. Außerdem

---

[21] Johannes 1,1; HfA

konnte er sich selbst gar nicht so gut an sie erinnern. Er stand verblüfft und mit offenem Mund da, sodass der Wächter ihn Richtung Hoftür schob. Als er sie öffnete, flüsterte er Nasiry zu: „Ich habe das Buch gefunden."

Nasiry spürte, wie sein Herz kurz aussetzte. Er war so glücklich, dass er ihn umarmen wollte: Stattdessen rannte er ziellos auf dem Hof herum, humpelnd und wackelnd auf seiner Prothese. Von einem anderen Wachturm aus schaute ihm ein anderer Wärter amüsiert zu.

Nasiry erfuhr nie, wie der junge Wärter an eine Bibel gekommen war. Aber viele weitere Hinweise ließen keinen Zweifel daran, dass es so war. Er wagte es nie, sie mit in die Zelle zu bringen, aber er lernte immer wieder Bibelstellen auswendig und trug sie Nasiry vor. In diesen seltenen, vertraulichen Momenten trank Nasiry gierig von der Quelle, von Gottes Wort.

Bis zu der Nacht, in der er entführt wurde.

Nasiry schlief in dieser Nacht auf einer Pritsche in seiner Zelle. Seine Zellengenossen waren zwei ältere Männer, die von ihrer Sucht schwer gezeichnet waren und nur noch aus Haut und Knochen bestanden. Nasiry erfuhr nie, wer seine Entführung organisiert hatte. Drei Wärter der Nachtschicht holten ihn unter einem Vorwand ab. Er folgte ihnen ohne großen Protest und wurde in einen Lagerraum gebracht.

Nasiry hat nie jemandem erzählt, was dort passierte.

Nach ein paar Stunden warfen sie ihn wie einen Sack Kartoffeln zurück in die Zelle. Er war so schlimm zugerichtet worden, dass sie ihn am nächsten Tag in die Krankenstation brachten. Nasiry hatte schon viele Misshandlungen erlebt, aber er musste zum ersten Mal auf die Krankenstation. Sie befürchteten, dass er sterben würde. Als der junge Wärter davon erfahren hatte, hatte er sich beim Gefängnisdirektor dafür eingesetzt, dass Nasiry medizinisch behandelt wurde. Er war lange Zeit bewusstlos. Es dauerte eine ganze Woche, bis er wieder aufstehen konnte.

Aber das Bett in diesem Krankenzimmer war eine entscheidende Etappe auf seinem Weg der Nachfolge.

Nasiry bekam Besuch von einem Ausländer, den er nicht kannte. Wahrscheinlich ein Amerikaner oder Europäer. Irgendetwas ging hier vor sich, aber er war zu erschöpft, um es zu verstehen. Der Mann erklärte ihm, dass er Mitglied einer Vereinigung von Menschenrechtsaktivisten sei und dass ihm jemand von Nasirys Fall erzählt habe. Dann fragte er ihn, warum er im Gefängnis war und vor allem wie er auf der Krankenstation gelandet sei. Nasiry antwortete wahrheitsgemäß, aber ohne sensible Informationen preiszugeben. Die Bekehrung von Gefängnisinsassen und das Netzwerk der Hauskirchen erwähnte er nicht. Er war dort, weil er ein Christ war, das war der Punkt.

Der Mann besuchte ihn mindestens drei Mal. Zwei Mal brachte er ihm Kleidung und Essen mit und ließ Nasiry auf seinem Handy Bibelstellen lesen. Bevor er bei seinem letzten Besuch ging, sagte der Mann zu ihm: „Wir werden dafür sorgen, dass Sie hier rauskommen."

Und genau das passierte wenige Wochen später.

Die Freunde, die er im Gefängnis gefunden hatte, und auch den jungen Wärter mit den klugen Augen sah er nie wieder.

Nasiry wurde in ein Gefängnis außerhalb der Stadt gebracht, wo die Behandlung wesentlich humaner und die Organisation effizienter war. Er wurde nicht mehr misshandelt und die Mahlzeiten waren besser. Er hatte Zugang zu Büchern, die ihm die Tage verschönerten. Er fand zwar keine Bibel, die auf ihn wartete, aber er fand neue Freunde, mit denen er unbedingt über das Buch sprechen musste.

Außerhalb des Gefängnisses regierte weiterhin die Gewalt.

Afghanistan wurde von einer ganzen Reihe von Terroranschlägen und sinnlosen Militäraktionen erschüttert. Während sich vor allem in den größeren Städten die Lebensumstände verbesserten, verschlechterten sie sich anderswo.

Afghanistan festigte seine fragwürdige Position auf der internationalen Bühne, wurde zum weltgrößten Produzenten von illegalem Opium und war gleichzeitig eines der ärmsten und korruptesten Länder der Welt geworden.

Das nationale *Buzkashi* ging ungebremst weiter: Warlords, die Taliban, der IS, ausländische Armeen und die afghanische Regierung wetteiferten um den Kadaver der jungen Generation Afghanistans. Weltweit gehörten sie mittlerweile zur größten Gruppe von Geflüchteten, die ihrem Heimatland den Rücken gekehrt hatten.

Nasiry meldete sich freiwillig für Reinigungsarbeiten und Aufgaben aller Art. Er war freundlich zu jedem, der ihm begegnete, und verhielt sich auch den Aufsehern gegenüber respektvoll. Sein Herz war sanftmütig und stolz, was die Wachen erkannten, von denen einige ihn schätzten. Ihm wurde erlaubt durch Gänge zu schlendern, die fast ohne Bewachung waren. Viele wussten, dass er ein Abtrünniger war, aber genauso viele hatten Respekt vor seiner Bereitschaft, für seinen Glauben zu sterben. Und wieder begann man ihn den „guten Heiden" zu nennen.

„Heide, du hast Besuch", sagte ihm ein Wächter, der freundlichste von allen.

Sein Herz schlug schneller. Es war über sechs Monate her, dass er seine Frau und seine Kinder für ein paar flüchtige Minuten gesehen hatte. Er vermutete, dass es Kamila war. Nasiry war hin- und hergerissen: Einerseits sehnte er sich sehr danach, sie zu sehen, andererseits wollte er, dass sie irgendwo weit weg in Sicherheit waren.

Im Besucherraum traf er auf einen fremden Mann mit Anzug und Krawatte. Neben ihm stand ein junger Hazara. „Herr Nasiry, ich bin im Auftrag von Freunden hier“, begann der große und vornehm aussehende Europäer. Der junge Mann begann, für Nasiry zu übersetzen. „Ich kann Sie verstehen“, unterbrach ihn Nasiry in seinem gebrochenen Englisch. „Oh, aber wir müssen das auf diese Art machen, bitte haben Sie Nachsicht mit uns“, beharrte der Europäer. Also übersetzte der junge Hazara weiter, Wort für Wort.

Es war scheinbar ein formelles Treffen, das von einer ausländischen Botschaft vermittelt worden war. Sie befragten ihn ausführlich zu seiner Geschichte. Nasiry erzählte so viel wie möglich, wobei er mehrmals betonte, dass er sich nicht sicher genug fühlte, um alles zu erzählen. Sie notierten jedes Wort, zwangen ihn aber nicht, weiterzuerzählen. Der Bericht auf dem Tisch wurde länger und länger.

Sie boten ihm Tee und Süßigkeiten an. Es kam ihm vor wie eine Ewigkeit, dass er so etwas Herrliches gegessen oder getrunken hatte. Das Treffen dauerte etwa zwei bis drei Stunden. Beim Abendessen bekam er kaum etwas herunter. Sein Magen war voll mit Süßigkeiten.

Dieser Mann besuchte Nasiry drei Mal. Aber er erfuhr nie viel über ihn. „Wir sind an Ihrem Fall interessiert“, wies er seine Fragen immer zurück. Im Gegensatz zu dem anderen Gefängnis gab es in diesem hier mehrere Ausländer: Amerikaner, Deutsche, Italiener, Franzosen und Kanadier, die meist mit den Besatzungstruppen oder Firmen in Verbindung standen, die in der Gegend tätig waren.

Er sah sogar zum allerersten Mal einen Chinesen! Jedenfalls, wenn man von den Prostituierten absah, die sich im Kabuler Ausländerviertel herumtrieben.

Er hatte keinen blassen Schimmer, was Gott mit ihm vorhaben könnte. Eines wusste er aber ganz genau: „Das Böse schmiedet Pläne gegen die Kirche. Aber Gott schmiedet Pläne gegen das Böse."

Es war eine weitere goldene Regel des christlichen Glaubens. Egal was der Feind auch unternahm, um Zerstörung und Tod über die Menschen zu bringen: Gott baute sein Reich. Überall. Sogar in der *Latrine der Hölle.*

Eines Tages hörten die Besuche plötzlich auf. Mindestens zwanzig Tage vergingen. Er sah weder den Europäer noch den jungen Hazara. Es war nicht so, dass er auf sie wartete. Er konzentrierte sich auf die Aufgabe, zu der Gott ihn hier berufen hatte. Und er hatte schließlich gelernt, *im Mangel und im Überfluss zu leben,* wie der Apostel Paulus es beschrieb. Aus diesem Grund war er sich so sicher wie noch nie zuvor in seinem Leben, dass nichts unmöglich war durch den, der ihm jeden Tag neue Kraft schenkte.

„Ob ich nun wenig oder viel habe, beides ist mir durchaus vertraut, und ich kann mit beidem zufrieden sein: Ich kann satt sein und hungern; ich kann Mangel leiden und Überfluss haben. Alles kann ich durch Christus, der mir Kraft und Stärke gibt."[22]

An diesen Bibelvers hatte ihn der junge Wärter des anderen Gefängnisses immer wieder erinnert. Vor allem in den dunklen Tagen auf der Krankenstation hatte er ihm damit Mut gemacht.

Eines Abends, kurz nach dem Abendessen saß Nasiry auf seinem Bett und las ein Geschichtsbuch, als er seinen Namen hörte. Der Wärter befahl ihm, sofort zur Zellentür zu kommen. Er sollte sich beeilen. Nasiry hatte Angst und gehorchte zitternd. Er erinnerte sich daran, was ihm an einem solchen Abend in dem anderen Gefängnis widerfahren war.

---

[22] Philipper 4,12-13; HfA

Sie legten ihm Handschellen an und schoben ihn ohne Erklärung in Richtung einer Metalltür. Zusammen mit einem Sicherheitskorridor trennte diese Tür die Zellen vom Bürobereich. Sie klang so ähnlich wie die Tür in dem anderen Gefängnis. Zumindest kam es ihm so vor. Er dachte an den *Soundtrack des Bösen.* Am Ende des Korridors sah er zwei ausländische, stämmige Männer in Militäruniform und dahinter einen gut gekleideten Afghanen. Die beiden Soldaten nahmen ihn in Empfang, während der andere ein Dokument unterschrieb. Niemand sprach auch nur ein Wort, niemand gab ihm eine Erklärung.

Nasiry verstand nicht, was vor sich ging. Sie führten ihn auf den Hof, wo die Wärter und das Gefängnispersonal ihre Autos parkten. Ein dunkelblauer Wagen mit getönten Scheiben wartete mit laufendem Motor und eingeschalteten Scheinwerfern. Die Sonne war schon seit ein paar Stunden untergegangen und es herrschte tiefschwarze Nacht. Am Himmel hingen schwere Wolken.

„Wo bringen Sie mich hin?“, fragte er stammelnd. Die Soldaten wiesen ihn an, ins Auto zu steigen, und ihre Körpersprache verriet, dass es vermutlich ratsam wäre, dieser Anweisung Folge zu leisten. Nasiry nahm auf der Rückbank Platz, rechts und links von ihm saßen die Soldaten in ihren Tarnanzügen. Am rechten Arm des links von ihm sitzenden Soldaten konnte er sehen, woher sie kamen: Deutschland.

Nasiry versuchte, sich mit einem Gebet zu beruhigen. Wieder einmal legte er sein Leben in Gottes Hände und betete auf der gesamten Autofahrt immer wieder: *„Erlöse mich vom Bösen, Vater, aber egal, was auch passiert: Dein Wille geschehe!“*

Sie erreichten ein Regierungsgebäude, das er nicht kannte. Sie durchliefen alle Sicherheitskontrollen – Tore, Wachen, Passkontrolle –, bis sie zu einem Parkplatz gelangten. Endlich begann der

Afghane mit ihm zu sprechen: „Nasiry, wir werden Sie jetzt vor den Generalstaatsanwalt bringen. Alles, was Sie tun müssen, ist, die Fragen zu beantworten, die man Ihnen stellen wird. Erzählen Sie nichts anderes, sprechen Sie nicht über Ihren Glauben. Vertrauen Sie uns! Nach diesem Tag werden Sie Millionen anderer Gelegenheiten bekommen, über Ihren Jesus zu sprechen, aber nicht jetzt. Nicht in diesem Gespräch!“, sagte der Mann eindringlich.

Nasiry nickte, obwohl er gerne verstanden hätte, wer genau „uns“ war. Er hatte zu seinem inneren Frieden und Gottvertrauen zurückgefunden, also ließ er sich von ihm führen. Auch wenn das bedeuten sollte, ihm bis zum Ende nachzufolgen. Auch wenn das hier seine eigene Kreuzigung werden sollte. Im Hof hatte er einen Kran gesehen, die Art, mit denen man schwere Lasten bewegt – oder in Afghanistan: Menschen erhängt.

Im Büro des Staatsanwalts wurden ihm einige generelle Fragen zu seiner Herkunft gestellt und man las ihm seinen eigenen Lebenslauf vor, der auch seine Bekehrung zum christlichen Glauben enthielt. Er wurde gebeten, dies zu bestätigen. Dann wurden ihm einige Artikel der Genfer Konvention und andere internationale Vereinbarungen erläutert, die er nicht vollständig verstand. Sie handelten von den Rechten von Geflüchteten, von Menschenrechtsverletzungen und vielem mehr. Nasiry war verwirrt, die Atmosphäre war angespannt, die Blicke der Leute ernst. Der Staatsanwalt wirkte verärgert und nervös, und wenn er Nasiry ansah, verriet sein Blick seine Abscheu. Aber Nasiry hatte Frieden im Herzen. Ganz egal, welche Wendung seine Pilgerreise als Nächstes nehmen würde, er wusste, an wen er glaubte, und er setzte all sein Vertrauen auf IHN.

Plötzlich standen alle auf und verließen den Raum. Nasiry blieb als Einziger in Handschellen zurück. Er verstand nicht, was hier eigentlich vor sich ging, aber er hielt an der Gewissheit des ewigen Lebens fest. Er dachte: *Egal, wie das hier ausgeht. So oder so werde ich eines Tages meinem König gegenüberstehen.*

Nach etwa zwanzig Minuten kehrte der Afghane zurück, zusammen mit einem vornehmen, blonden Mann, ebenfalls ein Europäer. Dieser sprach mit ruhiger Stimme auf Englisch mit starkem deutschem Akzent: „Nasiry, Deutschland wird Sie als Flüchtling aufnehmen."

Die Worte berührten ihn wie ein warmer Windhauch. Ein Schauer lief ihm über den Rücken. Er bemerkte, dass sein Mund offen stand und er scheinbar ziemlich verwirrt aussah.

„Ihre Geschichte kursiert schon seit Wochen in verschiedenen ausländischen Botschaften in Afghanistan. Wir haben sie gehört und Nachforschungen angestellt. Der deutsche Staat hat in Zusammenarbeit mit anderen befreundeten Partnern entschieden, dass wir Sie nach Deutschland ausliefern lassen möchten. Wir wollen Ihr Leben retten, Nasiry, Sie aus dem Gefängnis holen und Sie vor dem Todesurteil bewahren, das Sie wegen Ihres christlichen Glaubens bekommen haben", sagte der Europäer ruhig und lächelte.

„Deutschland? Europa? Aber ...", murmelte er.

Die beiden Männer im Raum sahen ihn schweigend an und ließen ihm Zeit, seine Gedanken zu sortieren. Dann legte der afghanische Mann einen neuen Pass vor ihm auf den Tisch. Er war auf seinen Namen ausgestellt. Langsam nahm Nasiry ihn in die Hand und schaute ihn sich genau an.

„Aber ich ... ich will meinem Volk dienen ...", flüsterte er mit leiser Stimme.

„Viele Menschen haben hart gearbeitet, um das hier möglich zu machen. Jetzt können Sie endlich frei sein", sagte der Deutsche.

„Aber ich will helfen, Afghanistan wiederzubeleben ... Das kann nur geschehen, wenn Christus in diesem Land gepredigt wird." Dieses Mal sprach er lauter und mit Inbrunst in der Stimme.

„Oh, aber genau das haben Sie bereits geschafft, Nasiry. Jetzt lassen Sie Gott sein Werk tun", versicherte ihm der Mann und legte eine Hand auf seine Schulter.

Diese Worte brachen wie ein Tornado über seine Gefühle herein, stellten alles auf den Kopf und brachen die Schatullen auf, in denen er die wertvollen Lektionen, die er in den Jahren seiner Pilgerschaft in seinem Land gelernt hatte, eingeschlossen hatte.

Er weinte wie ein Baby. Seine Gefühle überwältigten ihn. Und Nasiry brach in den Armen des Fremden zusammen.

Lass Gott sein Werk tun.

FREIHEIT

Drei Tage später, Flughafen Kabul, Afghanistan

Im Militärhangar war es ungewöhnlich windig. Während Soldaten und Zivilisten um ihn herumwuselten, saß Nasiry gelassen auf einem Stuhl. Auf seinem Schoß lagen ein Stapel Dokumente und sein Pass. Er trug westliche Kleidung und eine klobige Sportjacke schützte ihn vor der Kälte. Neben ihm auf dem Boden lag ein Seesack mit ein paar Büchern darauf. Das oberste war eine Bibel auf Dari.

Nach der lebensverändernden Begegnung hatte man ihn in die deutsche Botschaft gebracht, wo er zwei Tage blieb. Erst als er in dem Zimmer mit Bad saß und zur Ruhe gefunden hatte, war ihm bewusst geworden, wie viele Dinge der Herr hinter den Kulissen eingefädelt hatte, damit er in diesem Moment dort in Sicherheit sein konnte. Er war dankbar für alles: für seine unerwartete Freiheit, für die Tatsache, dass seine Frau und seine Kinder bald zu ihm nach Europa kommen würden, und für die friedliche Zukunft, die er am Horizont erahnen konnte. Aber er weinte auch vor Dankbarkeit für jede Ohrfeige, jede Beleidigung und jede Tracht Prügel, die er im Namen Jesu erhalten hatte. Er war sich sicher, dass er dem Vorbild seines Herrn noch nie so nahe gewesen war. Schließlich dankte er Gott für seinen Beistand in all den schwierigen Prüfungen. Er hatte durchgehalten, weil er davon überzeugt war, dass der Feind denjenigen fürchtete, der auf Gott vertraute. Auch in den Momenten, in denen er sich verlassen fühlte. In den dunkelsten Momenten hatte Nasiry sich tatsächlich verlassen gefühlt. Aber genau in diesen trostlosen Zeiten hatte er sich die Worte von Paulus zu eigen gemacht: „*Wir waren mit unseren Kräften am Ende und hatten schon mit dem Leben abgeschlossen. Unser Tod schien unausweichlich.*“[23]

Der Europäer betrat den Hangar durch eine gläserne Seitentür, hinter der sich mehrere Mitarbeiter der deutschen Luftwaffe zwischen Schreibtischen und Aktenschränken tummelten. Er trug zivile Kleidung und kam lächelnd auf Nasiry zu.

„Unser Flug startet bald, wir sollten einsteigen“, sagte er und zeigte auf ein großes Frachtflugzeug vor dem Hangar.

Nun war es also tatsächlich so weit: Er verließ Afghanistan. Zögernd schaute er sich um. Mit einem Anflug von Traurigkeit blickte er in den afghanischen Himmel, jenseits des großen Tores. Er spürte ein Stechen in seinem fehlenden Bein, als er aufstand. Er schüttelte den Kopf und musste lächeln, als er sein Gepäck aufhob: *Die Vergangenheit ist die Erbsünde, die Gegenwart ist die Erlösung, die Zukunft ist die Errettung.* Noch so eine goldene christliche Regel, sagte er zu sich selbst und berührte seine Prothese.

Er dachte an all die Brüder und Schwestern der Hauskirchen, die er Gott im Gebet anvertraut hatte, während er im Hangar gewartet hatte. Er dachte an den Arzt, an Kurt und Katerina, an den Iren, an den unkonventionellen Tadschiken und an die radikalen Feinde des Evangeliums, deren Herzen von eben jenem Evangelium erobert worden waren. Er dachte an die Gefangenen, die er zu Jesus geführt hatte. Konnte es im Leben irgendetwas Besseres geben, als das Reich Gottes zu bauen?

Nasiry ging schweigend neben seinem neuen Freund und schützte sich mit seinem Kragen vor dem kalten Wind. An Bord wurde er von zwei Soldaten empfangen, die salutierten, als er eintrat.

---

[23] 2. Korinther 1, 8-9; LU

„Gott segne Sie", sagte ein dritter Soldat auf Englisch zu ihm, als er ihn zu seinem Platz begleitete und ihm mit seinem Seesack half.

Nasiry war nicht länger ein Paket, eine Last, die im Leben der anderen hin und her geschleppt wurde.

Er war ein Sohn des Königs.

Und so fühlte er sich auch, als er neben dem Deutschen Platz nahm. Er schaute aus dem Fenster. Da war er wieder, dieser Himmel mit den dichten, weichen Wolken. *Schafe,* dachte er, als er sie vorbeiziehen sah.

Nasiry war sich sicher: Seine Zeit in seinem geliebten Heimatland war vorüber. Zumindest fürs Erste. Für das nächste Kapitel seines Lebens.

Lebe wohl, Afghanistan.

EPILOG

2020, Berlin, Deutschland

Ich treffe Nasiry zum ersten Mal in einem gemütlichen kleinen Gästehaus, das von einer örtlichen Kirche betrieben wird. In meinem Rucksack habe ich mein Aufnahmegerät, einen Notizblock, eine Mappe mit einigen Dokumenten, meinen Laptop und ein kleines Geschenk für ihn. Ich habe einen weiten Weg auf mich genommen, um ihn zu treffen. Allein die Geschichte, wie ich von Nasiry und seinem Lebensweg erfahren habe, wäre ein eigenes Buch wert.

Für diesen Moment soll es aber reichen, dass seine Geschichte durch mehrere Quellen bestätigt wurde. Natürlich habe ich Aufzeichnungen über seine Aussagen bei seiner Ankunft in Europa sowie Zeugenaussagen, Briefe, einige Fotos und natürlich stundenlange Tonaufnahmen. Andererseits sind die meisten materiellen Erinnerungen an sein Leben in Afghanistan zwischen Verhaftung und Auslieferung verloren gegangen. Aber nicht die Samen, die er gesät hat! Nein, die wachsen weiter und tragen auch heute noch Früchte. Aus diesem Grund wurden Namen und Daten in diesem Buch geändert, um diejenigen zu schützen, die immer noch in Afghanistan sind.

Was mich beim ersten Treffen mit ihm fasziniert, ist seine Sanftmut, seine extrem ruhige und freundliche Art. Mir waren die typischen Eigenschaften der Hazara schon vorher vertraut, Nasiry ist nicht der erste Flüchtling dieser Volksgruppe, mit dem ich gesprochen habe.

Aber Nasirys Augen strahlten etwas Besonderes aus, einen unerschütterlichen Frieden. *Wirklich unerschütterlich.* Als ob er zu ihm gehörte, ohne dass er ihn selbst kontrollierte. *Übernatürlich* könnte man sagen. Wir verbrachten drei Tage miteinander und ich stellte ihm alle möglichen Fragen, um seine Lebensgeschichte besser zu verstehen. Während Nasiry von seinem *Weg des Jüngers*, wie er es nannte, erzählte, musste ich manchmal um eine Pause bitten. Mich erschütterte die Vorstellung, dass Gott von einem Menschen so viel verlangen konnte und damit auch von mir.

Und doch saß er dort vor mir: sanftmütig und freundlich. Meine Mutter hätte ihn bestimmt als Engel bezeichnet, ich finde *Soldat* passender, auch wenn er diese Bezeichnung nicht mag. Nasiry bevorzugt *Schafhirte*, und wenn Sie bis hierher gelesen haben, werden Sie verstehen, warum.

Nach dem Bild Christi geformt zu werden macht uns zu etwas Außergewöhnlichem. Diese Erkenntnis habe ich aus der Begegnung mit diesem demütigen Königssohn mitgenommen. Und ich bewahre sie in meinem Herzen für all die Momente, in denen ich vor dem Ruf Gottes am liebsten davonlaufen würde, wie Jona. Natürlich würde ich im Gegensatz zu der berühmten biblischen Figur nicht auf einem Schiff davonsegeln, sondern mich eher in ein neues Hobby oder eine neue Aufgabe stürzen. Ich hoffe, das Zeugnis dieses Mannes hat die gleiche Wirkung auf Sie, denn es ist tatsächlich so: Nach dem Bild Christi geformt zu werden macht uns zu etwas Außergewöhnlichem. Zu etwas, das nicht von dieser Welt stammt.

Innerhalb kurzer Zeit hatte Nasiry erkannt, wie die Kirche im Westen schwächer wurde, und war darüber erstaunt.

In den Gesprächspausen redeten wir oft über die verschiedenen Herausforderungen, mit denen Europa aufgrund des schwindenden Einflusses seiner christlichen Prägung konfrontiert ist.

Er sagte mir das zwar nicht direkt, aber ich hatte das Gefühl, dass er mehr von meinen Ängsten überrascht war als von diesen Dynamiken. Er war so sehr daran gewöhnt, in einer Welt zu leben, die dem Evangelium in offener Feindschaft gegenüberstand, dass er meine Sorge nicht ganz nachvollziehen konnte. Ich habe verstanden, dass, wenn man an Privilegien gewöhnt ist, Gleichheit wie Unterdrückung erscheint und Ungleichheit eine unvorstellbare Abscheulichkeit ist. Und das ist ein weiterer guter Grund, Menschen wie ihn zu treffen, die verfolgt wurden. Sie öffnen uns die Augen dafür, was das wahre Schlachtfeld für Christen ist.

Zu unserem Treffen kam Nasiry mit scheinbar leeren Händen. Das Einzige, was er mitbrachte, waren seine Geschichte und seine Erlebnisse mit Gott. Und trotzdem hat er mir so viele Kostbarkeiten geschenkt!

Er ist ein Teil eines wunderbaren Mosaiks, das an einem Ort Form annimmt, der dem Evangelium am feindseligsten gegenübersteht: Afghanistan.

Und was wird auf diesem Mosaik zu sehen sein? Immer und ausschließlich SIE: die zerbrechliche und unbezwingbare Braut Christi – seine Kirche.

Lasst uns sie lieben.

So wie ER sie geliebt hat und sein Leben für sie gab.

Nasiry hat das verstanden.

Nasiry hat das gelebt.

Was denken Sie?

Können auch WIR das leben?

DANKSAGUNG

Die Ausarbeitung dieses Buches war langwierig, weil sich die Christen in Afghanistan versteckt halten. Der Text wurde von unseren Experten, die sich mit der Kirche in Afghanistan befassen, analysiert und anschließend genehmigt. Das Buch hat viele Herzen von Menschen berührt, die bei Open Doors arbeiten und es schon gelesen haben. Deshalb glauben wir, dass es bald auch in vielen anderen Ländern nützlich sein wird, um das Bewusstsein für die geheime Kirche in Afghanistan zu schärfen.

Nasirys Geschichte hat mich während der Arbeit an diesem Buch jahrelang beschäftigt. Es hat mich dazu ermutigt, verfolgten und unterdrückten Christen beizustehen und ihnen eine Stimme zu geben.

„Setze dich selbst mit Leidenschaft in Brand, und dann werden die Leute von weit her kommen, um dich brennen zu sehen", sagte der Theologe John Wesley. Ich danke Gott immer wieder, weil er jeden noch so kleinen Funken genutzt hat und nutzt, um meine Leidenschaft für ihn, sein Reich und sein Volk zu entfachen. Er hat dazu oft außergewöhnliche Menschen eingesetzt, die oft mehr an mich geglaubt haben und glauben als ich selbst.

Vielen Dank an Lino Cavone, Cristina Merola, Ruth Di Nunzio, Gian-Luca Ronchi, Stefano Viale und Lisa Pearce. Es gibt noch andere, deren Namen ich aus Sicherheitsgründen nicht nennen kann, die aber außergewöhnliche Arbeit für diese Mission leisten.

Und schließlich danke ich Elena, meiner Frau, die immer an meiner Seite ist, wenn ich JA zu unserem Herrn sage.

DER DIENST VON OPEN DOORS

Mehr als 388 Millionen Christen sind heute intensiver Verfolgung und Diskriminierung ausgesetzt, weil sie sich zu Jesus Christus bekennen. Einigen wird verboten, Gottesdienste zu besuchen oder sich zum Gebet zu versammeln. Andere werden wegen ihres Glaubens inhaftiert, gefoltert oder sogar ermordet. Open Doors setzt sich als überkonfessionelles christliches Hilfswerk seit 1955 für verfolgte Christen ein.

Wie es begann

Kurz nach seiner ersten Reise hinter den Eisernen Vorhang im Jahr 1955 begann Anne van der Bijl („Bruder Andrew"), auf die Bitte verfolgter Christen hin, Bibeln hinter den Eisernen Vorhang zu schmuggeln. Über seine abenteuerlichen Reisen von Polen bis China berichtet der als „Der Schmuggler Gottes" bekannt gewordene Holländer in seiner gleichnamigen Autobiografie. Heute steht Open Doors verfolgten Christen in mehr als 70 Ländern zur Seite.

Schwerpunktbereiche unseres Dienstes

- Verteilung von Bibeln und christlichem Schulungsmaterial
- Biblisch fundierte Schulungen wie theologische Ausbildungskurse, Seminare zum Umgang mit Verfolgung und Schulungen für Traumabegleitung
- Hilfe zur Selbsthilfe und Nothilfe für mittellose Christen in der Verfolgung
- Öffentlichkeitsarbeit in Ländern mit Religionsfreiheit mit dem Ziel, Menschen zu mobilisieren, verfolgte Christen im Gebet und anderweitig zu unterstützen

So können Sie helfen

Bitte beten Sie für Ihre verfolgten Glaubensgeschwister – das ist das Erste, worum verfolgte Christen bitten. Gerne schicken wir Ihnen hierfür unser kostenloses Monatsmagazin mit persönlichen Berichten, Hintergrundinformationen und Gebetskalender zu: www.opendoors.de/magazin.

Auf unserer Website finden Sie unter www.opendoors.de/mediathek zudem monatlich neue Video- und Audiobeiträge über verfolgte Christen.

Gern können Sie auch einen unserer Referenten zu einem Vortrag in Ihre Gemeinde oder Gebetsgruppe einladen: www.opendoors.de/referenten.

Wie Sie verfolgte Christen mit einer Spende unterstützen können, erfahren Sie unter: www.opendoors.de/spenden

Open Doors Deutschland
Postfach 11 42
65761 Kelkheim
T +49 (0)6195 6767-0
I www.opendoors.de
info@opendoors.de
Volksbank Mittelhessen
IBAN DE28 5139 0000 0000 7171 77
BIC VBMHDE5F
Facebook: Open Doors Deutschland
Instagram: @opendoorsde

Open Doors Schweiz
Lyssachstrasse 136
CH-3400 Burgdorf
T +41 (0) 34 552 07 77
I www.opendoors.ch
schweiz@opendoors.ch
IBAN CH59 0900 0000 3400 4791 0
BIC POFICHBE
Facebook: Open Doors Schweiz
Instagram: @opendoorsschweiz